りさま
時代を生き抜く
老後
しないための破産

年金・貯蓄・相続対策

税理士・公認会計士
永井圭介
（税理士ナガイ）

かや書房

はじめに

２０２４（令和6）年8月に警視庁が公表したデータによれば、令和6年上半期（1～6月）において、自宅で死亡した一人暮らしの人は、全国で3万7２２７人に上り、うち76・1％にあたる2万8３３０人が、65歳以上の高齢者だそうです。単純換算して年間に約5・7万人の高齢者が、孤独死により最期を迎えていることになります。

また、２０２０（令和2）年の国勢調査では、男女の生涯未婚率（50歳時未婚率）は、男性28・3％、女性17・8％と、男性で4人に1人以上、女性で6人に1人以上が、一度も結婚をせず生涯を終えています。生涯未婚率はさらに増え、２０３５（令和17）年には、男性29・0％、女性19・2％になるとも予想されています。

一方、日本人の平均寿命は延び続けており、厚生労働省によると、２０２３（令和5）年の日本人の平均寿命は、男性81・09歳、女性87・14歳。２０４０（令和22）年には、男性83・27歳、女性89・63歳に達するそうです。

今の時代は生活が便利になった反面、「ご近所さん」とのつながりも希薄になり、お隣さんの顔も、ほとんど見たことがないという人も多いのではないでしょうか。孤独死の定義は自治体によっても異なりますが、「ひとり暮らしの人が、誰にも看取られずに亡くなること」と定義すれば、今後も高齢者の孤独死が増えていくことは、火を見るよりも明らかです。

日本弁護士連合会（日弁連）の「2020年破産事件及び個人再生事件記録調査」によれば、破産債務者のうち70歳代以上が占める割合は、2005年には3・05％でしたが、2020年には9・35％と増加。同調査における破産債務者のうち、年金生活者が占める割合も、2005年には3・57％でしたが、2020年には6・69％と、高齢の年金生活者の破産件数が増えています。

老後破産の増加、高齢者の孤独死の増加……。これらのデータだけを見れば、老後はお先真っ暗と言わざるを得ません。老後破産の原因は様々ですが、その一つとして、貯蓄や年金などに関して、無知であることが挙げられます。今の日本の学校教育では、投資、税金、年金などを学ぶ機会はほとんどありません。これらの分野については、自分で調べ、情報を蓄積していかなければなりませんが、日々生活に追われている人にとっては、なかなかそのような時間も作れないのではないでしょうか。

最近は、著名人が「お金に困ったら生活保護を受ければよい」と簡単に主張しますが、生活保護のお世話になることに抵抗がある人はたくさんいます。「自分はそんなに長生きしないから貯蓄が尽きることもないだろう」と考えていても、人生100年時代において、思ったよりも長生きするという可能性は非常に高いのです。

本書は、老後破産や、悲惨な孤独死を防ぐための知恵を、存分に盛り込んだ内容になっています。やや難解な年金制度や税制の話も出てきますが、読みやすい部分から読み進めてください。

本書が、老後を豊かにする年金、貯蓄、相続に関する知識を得るための一助となれば幸いです。

おひとりさま時代を生き抜く
老後破産しないための年金・貯蓄・相続対策

目次

第一章 おひとりさまの老後はこんなにかかる!?

第二章 将来のおひとりさまに備えて今からできること

第一章 おひとりさまの老後はこんなにかかる!?

01

老後2000万円の数字の意味

「65歳時点で約2000万円が必要」

２０１９（令和元）年６月、金融庁の金融審議会「市場ワーキング・グループ」により公表された報告書の内容に世間がザワつきました。少子高齢化が進み、現役世代の人口が減少し、それにともない**現役世代が納める年金保険料が少なくなり、将来受け取ることができる年金額が減額**されてしまうというのが、従来からの、私たち日本国民の共通認識でしたが、報告書の内容が具体的な老後の不足金額を明示したことから、さらに不安をあおる結果となりました。

金融庁としては、特に真新しい情報を公開したつもりはなく、単に今後は年金だけに頼ると老後の資金不足に陥る可能性があるため、計画的に投資などを行い、貯蓄をしてくださいね、とソフトに伝えたかったのでしょう。そして貯蓄の手段として、ＮＩＳＡや

iDeCoを勧め、それらへ国民を誘導しようという意図もあったのでしょう。
一方、国民は「政府が主張してきた「100年安心の年金」はどこへ行った?」という疑念の声を上げた人や、「国はもう面倒を見きれないので、自分で2000万円貯めなさい」というメッセージとして捉えた人も多かったようです。

当時の金融庁のトップである麻生太郎《あそうたろう》金融担当相は「表現が不適切」として、報告書の受け取りを拒否し、そのことに多くの批判を浴びました。当時の安倍《あべ》政権にとって都合の悪い情報を遮断し、選挙対策を最優先にして、強引に有識者の提言をなかったものにしたと捉えられたためです。
今現在、蓄えがない人や、引退するときの退職金をあまり望めないという人にとっては、2000万円という金額はとてつもない金額に感じられるかもしれません。一方で、ある程度貯蓄が進んでいる人や、大企業に長年勤め、多額の退職金を受給できた人にとっては、大したことのない金額かもしれません。

そもそも「2000万円」という数字はどこから来たのでしょうか。

「**老後2000万円**」という数字だけが独り歩きし、その根拠をちゃんと理解していない人は多いように見受けられます。まずは、2000万円の算定根拠を確認しましょう。そしてぜひご自身の収支状況と比較してみて下さい。

結論から言えば、**夫65歳以上、妻60歳以上の、夫婦のみの無職の世帯をモデルケースとして、夫婦共にその後30年間生きることを前提**にしたもので、生活費が毎月5万5000円ほど足りないため、

5万5000円 × 12カ月 × 30年 ≒ 2000万円

これが30年間で不足する、という試算です。

「生活費が毎月約5万5000円足りない」という点について詳しく見てみると、図01のように、モデルケースでは、1カ月当たりの収入が20万9198円、支出が26万3718円であることから、20万9198円 − 26万3718円 = **5万4520円**が1カ月当たりの不足額ということです。

図01【高齢夫婦無職世帯（夫65歳以上、妻60歳以上の夫婦のみの無職世帯）】

実支出
263,718円

実支出の内訳

食料　64,444円
住居　13,656円
光熱・水道　19,267円
家具・家事用品　9,405円
被服および履物　6,497円
保健医療　15,512円
交通・通信　27,576円
教養・娯楽　25,077円
その他の消費支出　54,028円
非消費支出　28,240円
教育　15円

実収入
209,198円

不足分
54,520円

実収入の内訳

勤め先収入　4,232円
事業収入　4,045円
社会保険給付　191,880円
その他収入　9,041円

不足分→54,520円≒55,000円
55,000円×12カ月×30年≒**2,000万円**

第21回市場ワーキング・グループ厚生労働省資料より作図

収入については、**約19・2万円**の年金などの社会保険給付が大半を占めており、その他の**1・7万円**には「世帯主の配偶者の収入」として4000円程度、「事業収入・内職収入」などとして4000円程度、「財産収入」として4000円程度が含まれています。つまり、**年金の収入以外にも若干の収入がある**ことを前提としています。

一方で支出については、食費が約6・4万円、持ち家の修繕費などの住居費が約1・4万円、電気代／ガス代／水道代などが約1・9万円、医療費などが約1・6万円、自動車関連費用を含む交通費／通信費などが約2・8万円、教養／娯楽代が約2・5万円、交際費が約2・7万円、住民税などの税金が約1・2万円、健康保険料／介護保険料などの社会保険料が約1・7万円という内訳になっています。

なお、これらの収入金額・支出金額は、総務省が実施した2017（平成29）年の家計調査の結果に基づくものです。全国の「夫65歳以上、妻60歳以上の無職の夫婦の世帯」を対象としており、ランダムに抽出されていることから、平均値としてはある程度正しいものといえるでしょう。

ただし、30年間その**平均値**で収入金額と支出金額が継続するという**非現実的な前提**を置いており、例えば老人ホームなどの介護施設へ入居することになった場合は、その時点で多額の入居費用がかかる可能性があり、老人ホームへの入居後も月額利用料が継続的にかかる可能性があります。

また、自宅に住み続けていたとしても、建物の老朽化により大規模なリフォームを余儀なくされた場合、多額の支出は必須といえます。そのような収入・支出に大きな影響を与える出来事は前提としておりません。また、**老後30年間で、それまでの貯蓄をきっちり使い切る**という、非現実的な前提を置いています。

では実際には老後のためにいくら貯蓄しておく必要があるのでしょうか？　02節で深堀していきたいと思います。

02

本当は3000万円以上必要？

老後2000万円問題の根拠を理解したところで、2000万円という金額がどれほど信頼できるものなのか、検証していきたいと思います。その上で、本書のテーマであるおひとりさまにとって、**老後にどの程度の貯蓄が必要**となるのか確認してみましょう。

01節で述べたように、2000万円という金額は、**総務省が実施した2017（平成29）年の家計調査の結果に基づく平均収入金額・平均支出金額が、30年間継続する**という非現実的な前提を置いています。よって、物価や賃金の変動を考慮していません。図02は年別の消費者物価指数（※1、以下CPI）をグラフ化したものです。特に最近は物価の上昇が激しく、2017年のCPIは98・6であるのに対し、2023年は105・6となっており、**物価が7％も上昇**しています。

仮に1カ月当たりの支出が20万円だとすると、単純計算で**1万4000円（＝20万円×7％）程度生活費が増えた**ことになります。今後の物価の見通しについては、予測は

※1　モノやサービスの価格（物価）の変動を表す指標で、基準時（本書執筆時点では2020年）を100として、その時々の物価を表した数値

図02【消費者物価指数グラフ】

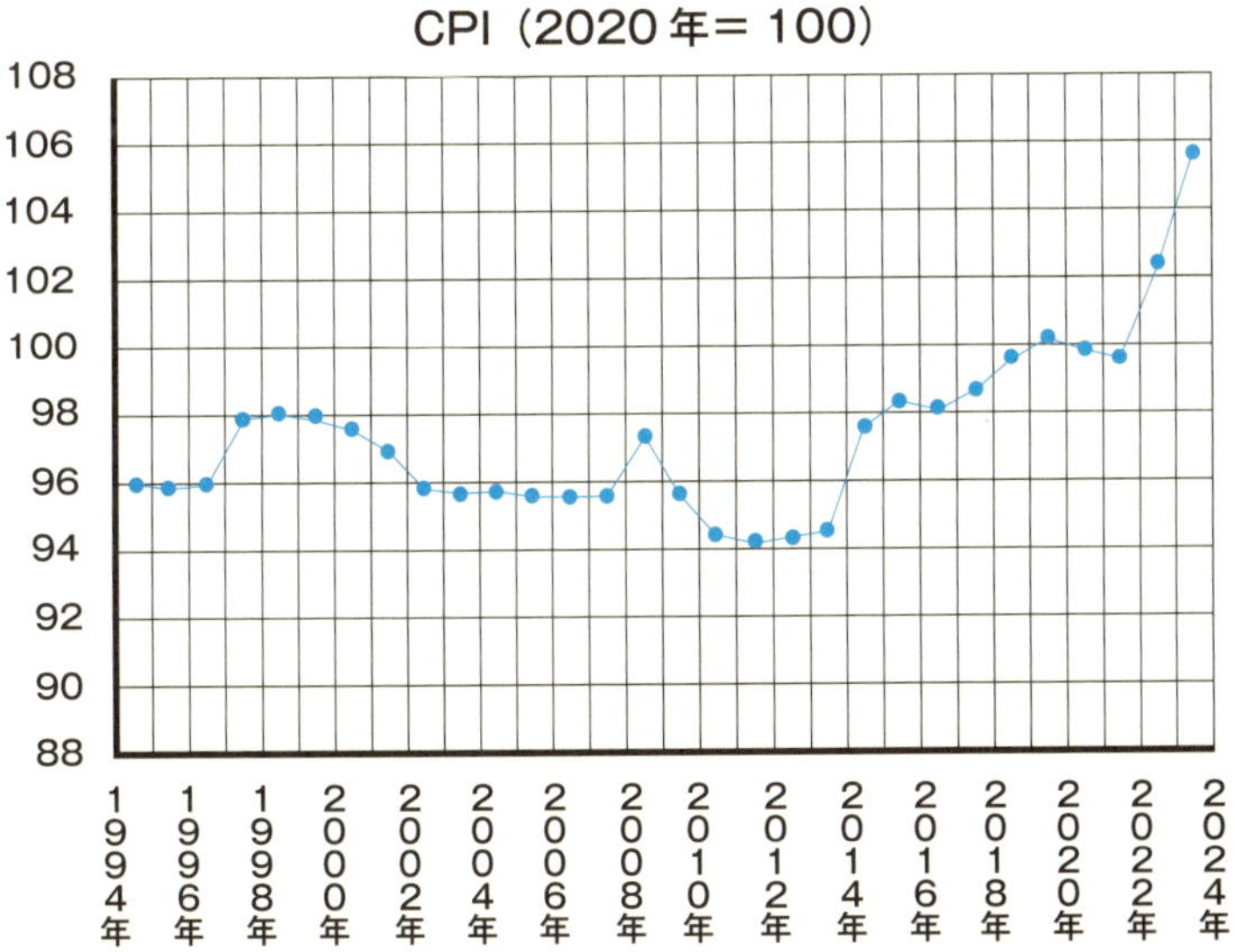

難しいですが、日銀は1年あたり2%の物価上昇を目標値として設定しているため、数十年後には今と比較して、大幅に物価が上昇している可能性があります。

なお、物価が上昇したにもかかわらず、年金の受取額が一切調整されないと、実質的な年金の受取額が減ってしまうため、そのようなことをなるべく防ぐために、**毎年CPIの変動に応じて年金額が調整される**ことになります（「**物価スライド**（※2）」といいます。）。また、現役世代の賃金の変動に応じて年金額が調整される「**賃金スライド**」も、年金の変動要因です。

※2　年金額の実質価値を維持するため、物価の変動に応じて年金額を改定すること。現行では、前年（1月から12月まで）のCPIの変動に応じて、翌年4月から年金額が改定される

図03【マクロ経済スライド】

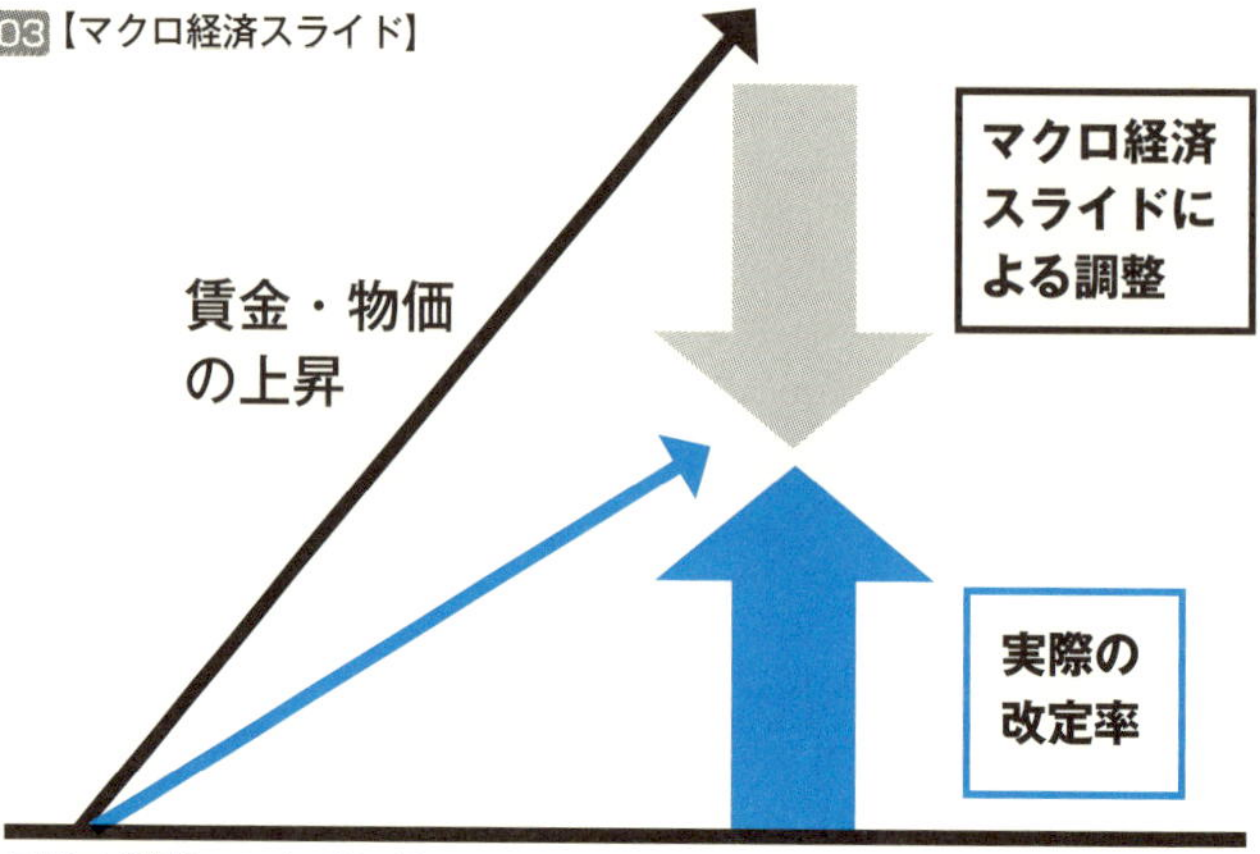

日本年金機構ホームページより作図

現在の年金制度は、現役世代が納める保険料で、その時々の高齢者世代に年金を給付する「**賦課《ふか》方式**」が採用されており、少子高齢化が進んで保険料を納める現役世代が少なくなると、年金の財源が減少し、年金制度を維持できなくなる可能性があります。そこで、保険料を負担する現役世代の人口の減少や、年金給付を受ける高齢者の平均余命の伸びによる年金財政の悪化を避けるために、2004（平成16）年に給付水準を自動的に調整する「**マクロ経済スライド**（※3）（図03）」が導入されました。物価や賃金の上昇ほど、年金額は増えないことになります。

つまり、**物価上昇局面においてマクロ経済スライドが適用されると、実質的に年金が目減りする**ことになります。

また、金融庁の報告書には、「**特別な支出**（例え

※3　現役世代の人口減少や平均余命の伸びに合わせて、年金額を調整する仕組みで、賃金や物価の変動率から、現役の被保険者の減少率と平均余命の伸び率により算出した「スライド調整率」を差し引くことによって、年金の給付水準が調整される

ば老人ホームなどの介護費用や住宅リフォーム費用など）**を含んでいない」**と明記されており、個人差はあるものの、これらの費用が多額にかかる可能性があります。

では、老人ホームなどの介護費用については、いくらかかるのでしょうか。

２０２３（令和５）年度**「高齢者向け住まいにおける運営形態の多様化に関する実態調査研究事業報告書」**（ＰｗＣコンサルティング合同会社）によれば、住宅型有料老人ホーム（※４）の月額利用料の平均額は**約12・1万円**、サービス付き高齢者向け住宅（非特定施設）（※５）については**約15・8万円**、介護体制が充実している特定施設（※６）に至っては**約26・4万円**です。公的な介護施設である特別養護老人ホーム（※７）の場合は、民間の介護施設と比較して安価であり、**月額10万円**前後で利用できます。老後の支出として多額になる可能性があるこれらの介護施設の費用は、老後の不足額を検討する上で、必ず考慮しなければなりません。

そして、持ち家のリフォーム費用ですが、老後は身体機能が年々低下していくことから、家庭内事故を防止するためには、バリアフリー化や断熱リフォームを行うことが必要となります。かかる費用については、リフォームを行う範囲にもよりますが、最低限で済ませる場合でも数十万円、大規模なリフォームを行う場合には数百万円はかかります。

※４　生活支援等のサービスが付いた高齢者向けの居住施設
※５　高齢者向けの居住施設で状況把握や生活相談等の福祉サービスを提供する
※６　厚生労働省認定基準を満たす介護等のサービスが付いた高齢者向けの居住施設

以上を踏まえて、おひとりさま（単身者）について、老後に不足する金額がいくらになるのか計算してみましょう。金融庁の報告書の元となるデータは、**夫65歳以上、妻60歳以上の夫婦のみの無職の世帯を前提**としており、おひとりさまのデータではありません。また、総務省の2017年の家計調査から、本書執筆時点で既に7年程度経過しています。そこで、最近のおひとりさまのデータを元に、不足額を計算してみたいと思います。

図04は、2023（令和5）年の65歳以上の単身かつ無職世帯の平均収入・平均支出をまとめたグラフです。**収入は12・7万円、支出は15・8万円**（＝非消費支出（※8）1・2万円＋消費支出14・5万円）で、**毎月の不足額は3・1万円**となっています。

老後2000万円と同様、30年間の不足額を単純計算してみると、**3万1000円×12カ月×30年≒1100万円**となります。65歳からの余命を20年とするなら740万円程度です。2000万円と比較すると半額程度の水準となりますが、前述の通り、考慮しなければならない項目がいくつかあります。

まずは**物価と賃金の変動を考えなければなりません**。前提を単純化するために、支出は、日銀が物価安定目標として掲げる2％で、30年間増加し続けるものとします。同様に、収入（主に年金）も毎年2％で、30年間増加し続けるものとします（厳密には、前述のマク

※7　要介護高齢者のための施設で、入浴・排泄・食事等の介護等の日常生活上の世話、機能訓練、健康管理、療養上の世話を行うもの

※8　税金や社会保険料など、原則として世帯の自由にならない支出

図04【65歳以上の単身無職世帯（高齢単身無職世帯）の家計収支（2023年）】

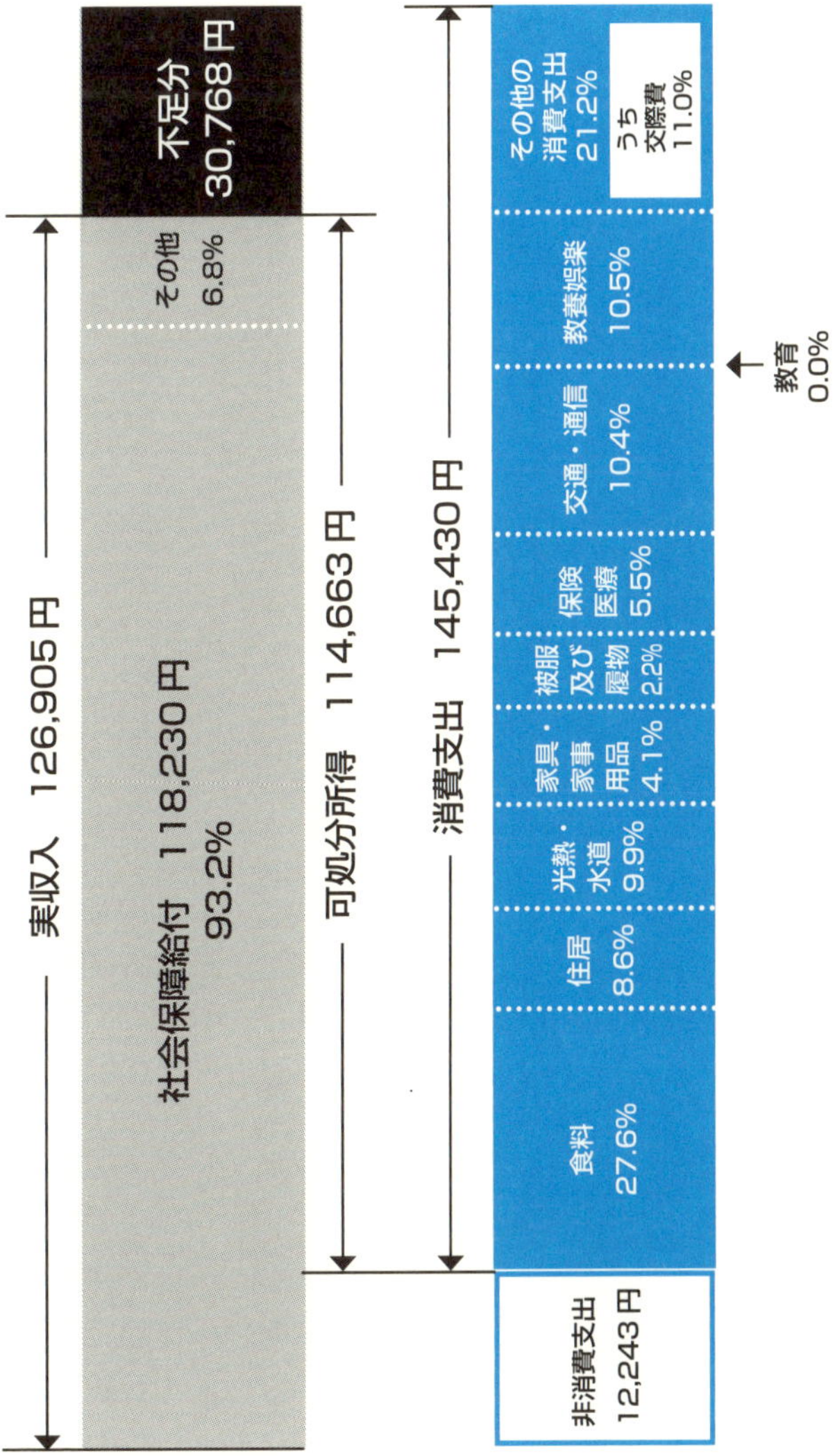

口経済スライドが発動されることがありますが、早期終了も検討されていることから、ここでは、マクロ経済スライドは無視します）。そうすると、**30年間の不足額は約１５００万円**と計算されます。**前述の単純計算を行った場合の不足額１１００万円と比較して、４００万円程度不足額が増加することになります。**

また、加齢に伴い持ち家のリフォームが必要となった場合のリフォーム代については、**３００万円**かかるものとします。

そして、老人ホームなどの利用料および介護費用については合計で**月額13万円**とし、寿命を迎える前の４年間に渡り発生し続けるものとします。４年間の老人ホームなどの利用料および介護費用の合計は、**13万円 × 12カ月 × ４年間 ＝ ６２４万円**となります。

なお、図04の消費支出の中には、教養娯楽費は１・５万円、外食費は４０００円しか含まれておりません。ゴルフなどの趣味がある人や、お酒を飲みに行ったり外食が好きという人は、到底その金額では収まらないでしょう。よって、１カ月につきそれらにかかる金額として、あと１・５万円程度は見ておいた方がよいと思われます。その場合、**１・５万円 × 12カ月 × 30年間 ＝ ５４０万円**が追加で必要となります。

寿命を迎えたときに、一切お金が残されていないと家族などの身内が困ることになります。葬儀費用やお墓代など、200万円程度は最低残しておくべきでしょう。

以上より、おひとりさまが65歳から30年間生き続けたとしたら、以下の金額が必要になります。

月々の不足額の合計　1500万円
自宅のリフォーム代　300万円
老人ホームなどの利用料および介護費用　624万円
月々の教養娯楽費や外食代などの追加分　540万円
葬儀費用やお墓代など　200万円

合計3164万円

つまり、老後2000万円ではとどまらず、「老後3000万円問題」となります。余裕を持って生活したいという場合には、4000万円、5000万円と、さらに不足額は膨れ上がる可能性があります。

03

老後破産した人の事例①——貯蓄や収入が少なかった

老後破産という言葉を聞くと、自分には無縁だとか、一部の人に起こり得ることだろうと考える人は多いかもしれません。

そもそも老後破産とは、一般的には高齢者が定年退職後の生活において十分な収入や資産がなく、生活費や医療費などの支出が賄《まかな》えず、経済的に困窮する状況を指します。必ずしも、**高齢者が「自己破産」することのみを意味するのではなく、その予備軍も含まれる**ことになります。02節で述べた通り、老後**３０００万円以上の蓄え**がなければ、生活費を賄えない可能性も出てくることから、決して他人事ではないのです。

具体的にどういったケースで老後破産が起こってしまうのか、いくつか例を挙げてみます。本節では、主に貯蓄が少ないこと、収入が少ないことが原因で、老後破産に陥るケースを見ていきます。

1．Aさん75歳、元会社員（技術職）のケース

Aさんは、小さな町工場の技術職として40年以上同じ会社で働き続け、65歳で無事定年退職を迎えました。給料は決して高くはありませんでしたが、生活は質素で、結婚することはなく、生涯ひとりで生きていくことを考えていました。

定年を迎えたAさんは、退職金として500万円ほど受け取り、退職後は月に約15万円の年金収入がありました。Aさんは持ち家ではなく、賃貸アパートで暮らしていましたが、「贅沢はしないで生活すれば、老後もなんとかなるだろう」と思っていました。退職金も含めた貯蓄を慎重に管理しながら、平穏な老後を過ごしていました。

退職後の最初の数年間は、特に大きな問題もなく生活を続けていたAさんでしたが、70歳を過ぎた頃から健康に問題が生じ始めました。最初は、のどの渇きや軽い倦怠感が気になる程度でしたが、やがて糖尿病を患ってしまい、定期的な通院と治療が必要になりました。医療費がかさむ中、Aさんは貯蓄を少しずつ切り崩しながら生活していましたが、思っていた以上に治療費が増え、年金だけでは生活費や医療費を賄えない状況になってしまいました。

70代半ばになると、心臓にも不安が出始め、検査と手術が必要になりました。手術費用や術後の入院費は高額で、Aさんの貯蓄は急速に減っていき、数年で貯金はほぼ尽きてしまいます。

さらに追い打ちをかけたのが、物価の上昇でした。家賃や光熱費、食費は次第に重くなっていきます。Aさんは節約を心がけましたが、それらを払うだけで年金の大半が消え、苦しい日々が続きました。

家賃の支払いも滞り始め、生活費の支払いも限界を迎えます。家賃の滞納が続いた結果、住んでいた賃貸アパートからも退去を求められました。住む場所を失ったAさんは、生活保護を申請することになります。ひとり静かな生活を送り続けるつもりだった老後は、経済的な困窮と孤独に満ちたものとなりました。

Aさんの例は、ひとり暮らしの元会社員が、**貯蓄不足に加えて、予期せぬ医療費や生活費の増加により老後破産に至った事例**です。老後の生活のために備えた貯蓄が少ないと、病気や物価の上昇などのリスクに対応できず、経済的に追い詰められる可能性があることを示しています。

2. Bさん73歳、元自営業（飲食店経営）のケース

Bさんは、50歳のときに妻と離婚し、その後ひとり暮らしを続けてきました。Bさんは、若い頃に小さな飲食店を開業し、30歳で結婚。妻と二人の子どもと幸せに暮らしていましたが、次第に夫婦間の関係が悪化し、夫婦で話し合った結果、離婚という結論に至りました。離婚の際、Bさんは妻に自宅を譲り、わずかな貯金でひとり暮らしを始めました。

離婚後もBさんは飲食店を続けていましたが、飲食店の売上は年々減少し、老後に向けた十分な貯蓄を行うことはできませんでした。65歳になり、体力的にも飲食店の経営が厳しくなったBさんは、閉店を決断しました。退職金もなく、収入は月に約6万円の国民年金だけです。持ち家もなく賃貸アパートで生活していたため、家賃、光熱費、食費などを考えると年金だけでは到底生活を維持できませんでした。

また、健康問題も顕在化してきました。長年立ち仕事をしていたため、膝や腰に痛みが出るようになり、頻繁に病院に通うことが必要になりました。医療費が家計に重くのしかかり、年金の少ないBさんにとっては大きな負担でした。

医療費は年々増加し、生活費のやりくりが非常に難しくなります。食費や光熱費を削り、ぎりぎりの生活を続けましたが、それも限界に近づきます。

Bさんは、生活費を賄うため、クレジットカードのローンを利用するようになりました。最初は少額でしたが、次第に借金が膨らみ、高額な利息が追い打ちをかけました。借金返済に追われる日々が続き、生活はどんどん厳しくなっていきました。

73歳になる頃には、借金の返済もままならず、家賃の支払いも滞るようになります。ついには住んでいた賃貸アパートから退去を求められ、住む場所を失いました。Bさんは、最終的に自己破産を申請せざるを得なくなりました。

この事例は、**少ない年金と貯蓄が原因で借金を背負うことになり、最終的に老後破産に至ったケース**です。特に自営業者の場合、国民年金の収入だけでは老後の生活が困難になることがあり、十分な年金や貯蓄の備えがないと大きなリスクにさらされることがわかります。

04

老後破産した人の事例②　——老後の支出が多かった

続いて、老後の支出が多かったことが原因で、老後破産に陥った人の事例を紹介します。

1. Cさん77歳、元会社員（管理職）のケース

Cさんは、大手メーカーの管理職として40年間定年まで勤め上げました。30代までは、結婚願望もあり、一時期は婚活に励んでいたこともありましたが、良いご縁に恵まれず、40代になると結婚は諦め、ひとりで生きていくことを決断しました。

Cさんは、40代半ばで念願のマンションを東京の郊外に購入しました。返済期間30年の住宅ローンを組みましたが、退職金や年金で生活を支えられるという自信がありました。

しかし、その後の計画は想定外の出来事や出費により狂ってしまいます。

定年を迎えたCさんは、65歳から年金生活に入りましたが、受け取れる年金は月額18万

円程度でした。会社からの退職金もある程度は貯蓄していたものの、住宅ローン返済が毎月約13万円と大きな負担となり、生活費を圧迫しています。生活費を切り詰め、質素な生活を続けましたが、物価の上昇や想定外の出費が次第に負担となっていきます。さらに健康面でも問題が生じ、医療費が増え始め、薬代や診察代が年々増加するようになりました。

次第に住宅ローン返済も厳しくなってきますが、高齢であることから、働いて収入を増やすことも難しく、マンションを売却して返済の負担を軽減し、賃貸物件に住み替える計画を立てました。しかし、マンションの価値は購入時よりも大幅に下落しており、住宅ローン残高を全額返済できるだけの金額で、売却することは難しい状況でした。オーバーローン（ローンの残高よりも物件の売却額が低いこと）の状態となったため、ローン残債については、無担保ローンを借り入れて、返済することになりました。

マンション売却後は賃貸アパートに住んでいたCさんですが、77歳の頃には無担保ローンの返済も滞り始め、最終的には自己破産を申請するしか選択肢がなくなりました。

この事例は元会社員が、**定年後も続く住宅ローンの返済に苦しみ、少ない年金と健康悪化による出費の増加が重なり、老後破産に至ったケース**です。特に、住宅ローンを長期間抱えたまま老後を迎えると、年金だけでは生活を支えきれず、破産に陥るリスクがあることが示されています。

2. Dさん74歳、元会社員（営業職）のケース

Dさんは、営業職として複数のメーカーなどで、通算40年以上勤めてきました。若い頃から社交的で交友関係も広く、飲み会やゴルフ、旅行などにお金を惜しみなく使う生活を続けていました。Dさんは独身で子どももいなかったため、将来のために備えることよりも、今を楽しむことを優先していました。

Dさんは会社員時代にそれなりの年収があったため、生活費はしっかりと賄えていましたが、貯蓄には無頓着で、退職金や年金があれば大丈夫だという考えを持っていました。しかし、退職後もその浪費癖を改めることができなかったことが、Dさんの人生を大きく狂わせていきます。

65歳で定年退職を迎えたDさんは、退職金としてまとまった金額を受け取りましたが、これを老後の生活に充てるという発想はありませんでした。国内外を問わず多くの旅行に出かけ、さらに最新の家電製品や高級車も購入し、自由奔放な生活を楽しんでいました。

月に20万円ほどの年金を受給していたものの、日常の出費を賄うことができず、退職金はわずか数年で底をつき、貯蓄はほとんどなくなってしまいました。

70歳を過ぎると、健康面でも問題が出始めました。頻繁に病院に通う必要が出てきて、医療費がかさむようになりましたが、Dさんはそれでも生活水準を下げようとはせず、贅沢な生活を続けました。体力が落ちても、友人との外食や趣味にお金を使い続け、貯蓄が尽きてからも倹約を考えることはありませんでした。

74歳になる頃、住んでいた賃貸マンションの家賃が払えなくなり、大家から立ち退きを求められることに。Dさんは住む場所も失い、生活保護を受けることとなりました。

Dさんは自由で贅沢な老後生活を望んでいましたが、浪費癖が原因で貯蓄を使い果たし、最終的には老後破産に陥ることになりました。借金こそなかったものの、老後のための計画性のない生活が原因で、Dさんは経済的に破綻してしまいました。

この事例は、定年後も浪費癖を改めなかった元会社員が、**貯蓄を使い果たし、老後破産に至ったケース**です。借金はないものの、退職金や年金だけでは老後の生活を維持できず、最終的に生活破綻に至るリスクが高まることがわかります。

05

老後に生活費や住居費はいくら必要？

老後破産を防ぐためには、**支出をうまくコントロールする**必要があります。前提として、老後はどの程度生活費がかかるか、シミュレーションできるようにしておきましょう。

長年おひとりさまを続けていれば、現役時代からおおよその生活費は把握できていると思いますが、基本的にはその延長線上で考えていけばよいでしょう。まったく生活費を気にしてこなかった人や、老後の生活費のイメージが湧かないという人は、02節でも触れた「65歳以上単身無職世帯（高齢単身無職世帯）の家計収支（2023年）」のデータを参考にして下さい。

1カ月の平均支出額は15・8万円となっており、主な項目としては、食費が4万円、住居費が1・2万円、光熱費／水道代が1・4万円、医療費が8000円、交通費／通信費が1・5万円、教養娯楽費が1・5万円、交際費（世帯外の人に対して行う贈答などの支出）が1・6万円となっております。このデータに、あなた自身の生活スタイルなどを考慮して、老後に必要な生活費を計算していきましょう。

まず食費については、4万円のうち、外食代がわずか4000円しか含まれておりません。親戚や友人などと外食をする機会が多い人は、月に4000円ではとても足りないでしょう。住居費の1・2万円という金額も、主に持ち家に住んでいる人に当てはまるケースであり、賃貸住宅に住んでいる人は、ほとんどの場合それよりも多くかかります。また、ゴルフなどのお金がかかる趣味を持っている人は、教養娯楽費について1・5万円では足りないのではないでしょうか。

さらに、当データは介護サービスを受ける際にかかる費用が含まれていないことから、個人差はあるものの、それも考慮しなければなりません。介護保険が適用される介護サービスについては、図05の通り、**原則として65歳以上であれば、利用者の所得に応じて1割～3割の負担**で利用することができます。

図05【利用者負担の判定の流れ】

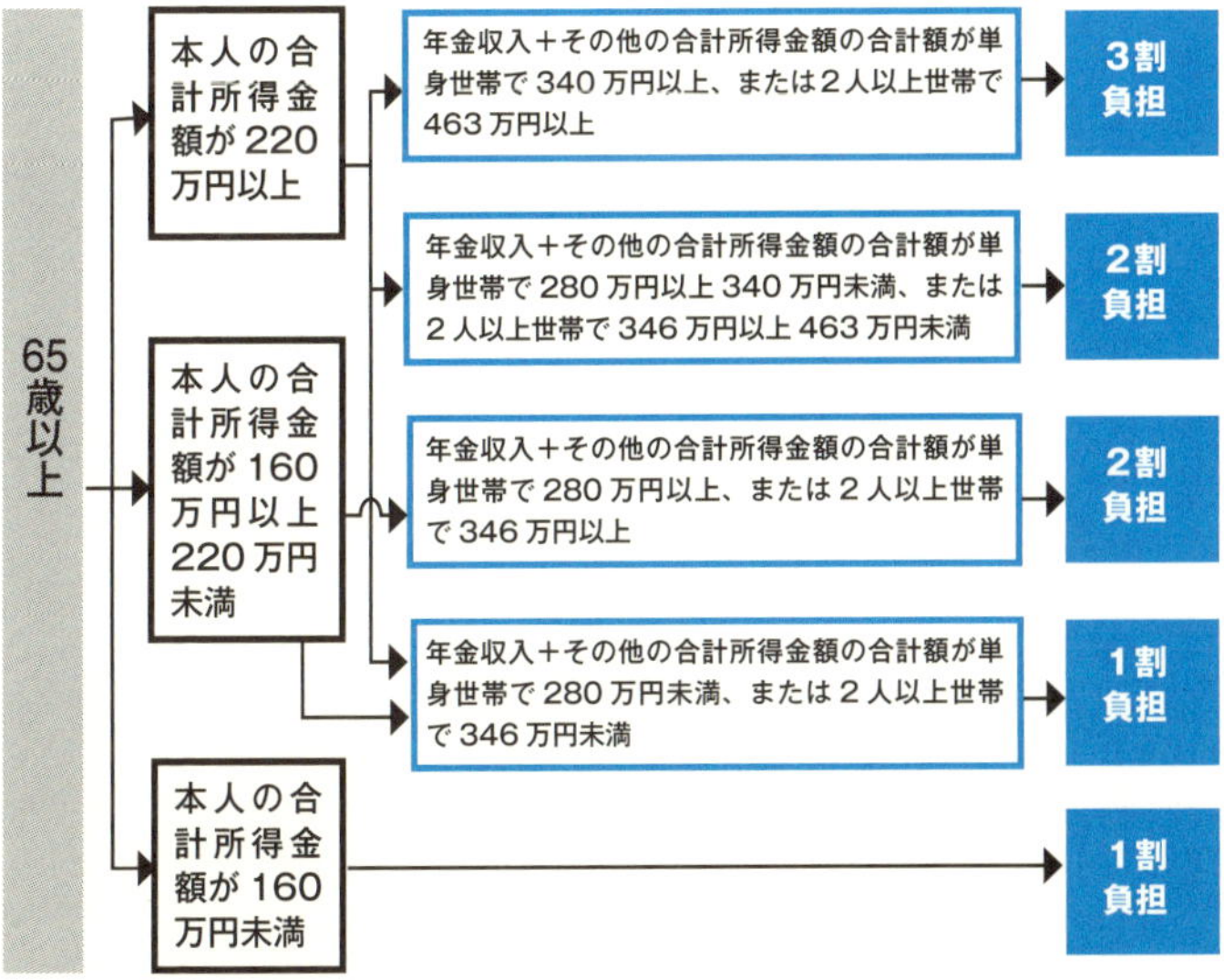

※第2号被保険者（40歳以上65歳未満の人）、住民税非課税の人、生活保護受給者は上記にかかわらず1割負担

それでも、特に要介護度が高い場合は、高額な介護サービス費がかかることがあります。

介護サービスには、大きく分けて2種類あり、自宅に住みながら介護サービスを受ける「**在宅介護**」と、自宅とは別の施設において介護サービスを受ける「**施設介護**」があります。

さらに、在宅介護には、ホームヘルパーが自宅を訪問し、食事・排泄・入浴などの身体介護、掃除・洗濯・買い物などの生活援助を行う「**訪問介護（ホームヘルプ）**」や、介護サービスの利用者が施設に通い、日帰りで食事や入浴などの日常生活上の支援、歩行訓練などの機能訓練を受ける「**通所介護（デイサービス）**」があります。

公益財団法人生命保険文化センターが公表しているデータによれば、**在宅介護の月額費用の平均は4・8万円**です。後述する施設介護と比較して、低料金で受けられる在宅介護でも、5万円程度かかる可能性があるということです。単純計算で、**5年間、在宅介護サービスを利用した場合は300万円**（＝**60カ月×5万円**）程度かかることになります。

なお、通常の在宅介護よりも細かな支援を行う「**地域密着型サービス**」と呼ばれる介護サービスもあります。地域密着型サービスは、利用対象者をその地域に住んでいる高齢者に限定し、介護が必要になった高齢者でも、住み慣れた地域で暮らし続けることができるようにするための介護サービスで、2006（平成18）年の介護保険法改正で新たに誕生しました。地域密着型サービスも、在宅で行われるものと、施設で行われるものがありますが、在宅で行われる地域密着型サービスは、利用者の個々のニーズに柔軟に対応することができる介護サービスである一方で、利用料は通常の在宅介護よりもやや高額です。

続いて、生活費の中でも多くの割合を占める住居費ですが、持ち家がある人はそれほど心配する必要はありません。定期的な修繕などにかかる費用を見積もっておけばよいでしょう。

また、持ち家には**固定資産税**がかかります。詳細は06節で述べますが、都心など地価の高いエリアに住んでいる場合は、高額になることがあります。

その他、02節で述べた通り、自宅のリフォーム費用については、場合によっては数百万円以上かかるので、自宅の状況に応じて、考慮しておいた方がよいでしょう。

賃貸の場合は、当然ですが、住み続けている限り家賃がかかるため、特に年金生活の高齢者にとっては負担が重くのしかかることになります。ワンルームでも都心の場合は月9万円、地方でも月5万円は見ておいた方がよいでしょう。年金が月に15万円程度であったとしても、**家賃の支払いは生活を確実に圧迫**します。

なお、**高齢者の場合は、賃貸物件への入居自体が困難となる場合もあります**。というのも、特におひとりさまの高齢者は事故や孤独死のリスクがあり、また経済面でも年金生活者は収入が現役世代と比べて低く、借家契約を行う上での**入居審査に通りづらくなる**ためです。

また、おひとりさまの高齢者は近隣トラブルを懸念されて貸主から避けられる傾向にあります。物件にもよりますが、60歳以上になると入居審査に通りづらくなり、70歳以上になればもっと難しくなります。連帯保証人を立てることができれば、入居審査に通りやすくなる場合もありますが、おひとりさまの場合、連帯保証人になってくれる人を探すのにも一苦労するでしょう。

なお、**現役時代から借りている物件については、通常の借家契約である普通借家契約が結ばれている限り、高齢を理由に貸主が追い出すことは違法**とされます。

普通借家契約において、貸主が契約を解除したり、契約の更新を拒絶することは、借主が家賃を一定期間滞納しているなどの明らかな契約違反が見られない場合は、基本的にはできません。ただし、**契約の更新の際に、近隣の家賃相場の上昇を理由に、家賃の引き上げを迫ってくる可能性は十分にあります。**

つまり、**家賃の引き上げ要求を手段として、高齢の借主を追い出す**ということが考えられます。家賃の増加は生活を圧迫するため、最悪、安い物件への引っ越しを考えなければなりません。

健康なうちは、そのような「**追い出し**」に遭わない限り、貯蓄さえあれば賃貸物件に住み続けることもできますが、問題は介護が必要になった場合です。介護してくれる家族がいれば賃貸物件に住み続けることもできますが、おひとりさまは、そのような家族や親戚がいないことも多いでしょう。

その場合は、まず**在宅介護**を考えます。在宅介護は利用料が比較的安く、住み慣れた自宅での生活を続けることができ、ストレスもあまりありません。とはいえ在宅介護は、家族の支援が必要となるケースも多く、おひとりさまには不向きな面もあります。

また、要介護度が高くなった場合など、在宅介護では生活を続けることが困難となることも多いです。そのような場合は、**施設介護**という選択肢を検討します。

自宅から介護サービスを提供している住宅や老人ホームへ転居し、介護サービスを受けます。
02節で述べた通り、**住宅型有料老人ホームの月額利用料の平均額は約12・1万円、サービス付き高齢者向け住宅（非特定施設）は約15・8万円、特定施設は約26・4万円**となっており、年金のみだと入居が難しいという人も多いかもしれません。一方、特別養護老人ホーム（特養）や、同じく公的な施設である**介護老人保健施設（老健）については、月額10万円前後**で利用できる場合もあります。ただし、**老健はあくまで在宅復帰するための中間的な施設**であり、終《つい》の棲家《すみか》として長期入所を前提とする特養とは、性質が大きく異なります。特養は老健に比べて入居希望者が多く、入居までの待機期間が、数カ月から長いと1年以上となることもあります。

人によって老後の生活スタイルや、介護の必要度合いは大きく異なります。また、いつ病気になったり、介護が必要になったりするか、予測は困難です。十分な蓄えをしておくことが無難でしょう。

06

老後に税金や社会保険料はいくらかかる?

バリバリ働いて、いっぱい稼ぐ現役世代から多く徴収される税金や社会保険料ですが、老後はどの程度かかるのでしょうか。**老後は収入が少なくなることから、税金や社会保険料が、生活を圧迫しないか不安**だという人は少なくないようです。

結論からすれば、**老後に多額の税金や社会保険料を負担するケースは少ない**といえます。というのも、税金や社会保険料は基本的には所得（儲け）や収入に比例してかかるものだからです。ただし、無視できるほど少額とまでは言えません。02節図04の65歳以上の単身かつ無職世帯の平均収入・平均支出のグラフにおいては、「**非消費支出**」が税金・社会保険料を指し、その金額は**月額1万2243円**となっています。消費支出を含めた**総支出の7・8%**を占めています。

まず年金にかかる税金についてですが、給与と同様、所得税と住民税がかかります。**年**

金は、給与所得、事業所得、不動産所得など、他の種類の所得と合算され、その金額に応じて税率が適用される**総合課税の対象**となります。

よって、他の所得の金額次第で税率・税額も変わりますが、老後は年金以外の収入があまりないという人も多いでしょう。そこでまずは、年金の所得がどのように計算されるか、確認してみましょう。図06に従って計算される金額が、年金の所得（「公的年金等に係る雑所得」といいます）となります。

所得金額から**基礎控除（ほとんどの人が48万円）**や、**社会保険料控除**（健康保険料、介護保険料、国民健康保険料などの社会保険料を支払った場合に、その支払額について所得から差し引くことができる）、およびその他の所得控除の金額を差し引くことができます。それら所得控除の金額を差し引いた後の金額が、「**課税所得金額**」となり、課税所得金額に税率が掛けられて、税額が計算されます。所得税の税率は図07の通りです。所得税率は、超過累進税率といって、所得金額の範囲に応じて段々高い率となるよう設定されています。

図06【年金以外の所得が1,000万円以下の場合の年金所得一覧】

年齢	年金額	所得金額
65歳以上	110万円以下	0円
	110万円超330万円未満	年金額－110万円
	330万円以上410万円未満	年金額×0.75－27.5万円
	410万円以上770万円未満	年金額×0.85－68.5万円
	770万円以上1,000万円未満	年金額×0.95－145.5万円
	1,000万円以上	年金額－195.5万円
65歳未満	60万円以下	0円
	60万円超130万円未満	年金額－60万円
	130万円以上410万円未満	年金額×0.75－27.5万円
	410万円以上770万円未満	年金額×0.85－68.5万円
	770万円以上1,000万円未満	年金額×0.95－145.5万円
	1,000万円以上	年金額－195.5万円

例えば**基礎控除以外の所得控除の適用がない人でも、65歳以上の場合、年金が158万円以下であれば、（158万円－110万円－48万円＝0円）となるため、所得税はかからない**ことになります（厳密には、後述の社会保険料の負担があり、その分は所得控除を受けられるため、158万円を若干超えても、所得税がかからないことが多いです）。

住民税についても、その計算の基礎となる課税所得金額の計算方法は、概ね所得税と同じです。住民税の税率は、所得に関係なく**一律10%（所得割）**となっており、**それに年間5000円程**

図07【所得税の税率】

課税される所得金額	所得税率
195万円以下	5%
195万円超330万円以下	10%
330万円超695万円以下	20%
695万円超900万円以下	23%
900万円超 1,800万円以下	33%
1,800万円超4,000万円以下	40%
4,000万円超	45%

度の均等割および森林環境税が加算されます。住民税の非課税の基準額は所得税とは異なり、**年金が155万円以下であれば、かかりません**（所得税同様、負担した社会保険料については所得控除を受けられるため、155万円を若干超えても、住民税の所得割はかからないことが多いです。また、市区町村によっては、155万円未満でも、住民税がかからないことがあります）。

その他、持ち家などの固定資産を保有している人は、**固定資産税**がかかります。固定資産税は、**固定資産税評価額 ×1.4%**（標準税率の場合。固定資産税は地方税であるため、市区町村によって税率は異なります）が年間の金額となります。加えて、市街化区域内にある持ち家には、固定資産税評価額×0・3％の都市計画税がかかります。

特に、地価の高いエリアに持ち家や投資用不動産を所有している人は、負担が重くなります。ただし、固定資産税・都市計画税には、住宅用地に係る特例など、様々な減額措置もあります。持ち家を売却した場合の税金については、第二章21節で解説します。

年金以外に給与や不動産収入がある人は、給与所得、不動産所得が、公的年金等に係る雑所得に加算され、図07の税率表に従い、税額が計算されます。

続いて**社会保険料**についてですが、現役時代、特に会社員だった人は**毎月給与から天引き**されていたため、あまり意識してこなかった（なんとなく高いなという意識はあったにせよ）という人は多いかもしれません。一方で、自営業の人は、口座振替による方法だけではなく、納付書やクレジットカードでの納付もできることから、おおよその金額を把握しているという人も多いのではないでしょうか。

まず、社会保険料のうち、医療機関の窓口での**医療費の負担を3割以下にしてくれる**などの医療給付を受けられる**公的医療保険**について、会社員や公務員の人は、勤務先における健康保険を通じて加入することになります。**無職の人や自営業の人は**、市区町村が窓口となる**国民健康保険**に加入します。いずれも、**加入できるのは74歳まで**で、**75歳からは後期高齢者医療制度**という別の制度に加入しなければなりません。

今の時代は、65歳を過ぎても嘱託《しょくたく》などの形態で勤務を続ける人も多く、正社員に準じた労働時間・労働日数となる場合は、74歳までは勤務先の健康保険に加入しなければなりません。

健康保険料は、勤務先によりますが、多くの中小企業が加入している「**協会けんぽ**」の場合、**給与額の約10％程度を本人と勤務先が半分ずつ負担**（都道府県により若干異なります）するため、**給与額の約5％が本人の負担**となります。これに**40歳から64歳の人については、介護保険料が上乗せ**でかかります。

介護保険料は、介護が必要となった高齢者へ介護サービスを行うための財源とされるもので、**給与額の約1・6%程度**（全国一律）を本人と勤務先が半分ずつ負担するため、**給与額の約0・8%が本人の負担**となります。なお、健康保険料、介護保険料および後述する厚生年金保険料は、賞与（ボーナス）にもかかります。

一方で、**老後に仕事を辞めて無職**になる場合や、**勤務先の健康保険に加入しない**場合は、**74歳までは国民健康保険に加入**する必要があります。

国民健康保険料は、**前年**（1月〜12月）**の所得から基礎控除**（43万円）を差し引いた金**額をもとに計算される所得割**と、**所得に関係なくかかる均等割**（さらに、1世帯ごとに定額でかかる平等割や、固定資産税の金額に応じてかかる資産割を設定している市区町村もあります）**により構成**され、例えば東京都北区の場合は、図08のように計算されます。

40歳から64歳の間にかかる「**介護分**」という項目が、前述の**介護保険料**に相当します。国民健康保険についても、加入できるのは74歳までで、75歳からは後期高齢者医療制度への加入が必要となります。国民健康保険料については、住んでいる市区町村によって異な

図08【国民健康保険料計算方法　東京都北区の場合】

		医療分		支援金分		介護分
所得割額	＝	加入者全員の算定基礎額（※）×8.69%	＋	加入者全員の算定基礎額（※）×2.80%	＋	該当者全員の算定基礎額（※）×2.28%
均等割額	＝	49,100円×加入者数	＋	16,500円×加入者数	＋	16,500円×該当者数
		1世帯あたりの最高限度額65万円		1世帯あたりの最高限度額24万円		1世帯あたりの最高限度額17万円

（※）算定基礎額とは、前年の総所得金額等（ただし退職所得金額を除く）から基礎控除額43万円を控除した額です。土地建物等の譲渡所得について特別控除がある場合は、控除後の金額を総所得金額等に合算します。また、雑損失の繰越控除は控除しません。

【所得】＝総収入ー必要経費（給与所得控除・公的年金控除等）
【基礎控除】＝43万円

【算定基礎額】＝【所得】ー【基礎控除】

ります。

75歳以上の人が加入する**後期高齢者医療制度における保険料**についても、国民健康保険料同様、前年の所得から基礎控除を差し引いた金額をもとに計算される所得割と、所得に関係なくかかる均等割により構成されます。

後期高齢者医療制度は、都道府県単位の広域連合が運営しており、例えば東京都の場合は、**均等割は年間4万7300円、所得割は所得金額×9・67%**となっています。

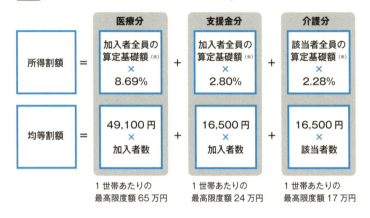

なお、65歳以上74歳以下で、寝たきりなど一定の障害があると認定された人も、後期高齢者医療保険制度の対象となります。

社会保険料のうち**年金の保険料については、国民年金と厚生年金で異なります**。20歳以上60歳未満の国民すべてが加入しなければならない国民年金については、**月々の保険料（国民年金保険料）は1万6980円**（令和6年4月〜令和7年3月）となっています。**国民年金保険料は、年齢、所得、地域などに関係なく全国一律**です。

そして、70歳未満の会社員や公務員が加入する**厚生年金の保険料は、**健康保険料と同様、**勤務先から受け取る給与額により異なります。**

給与額の約18・3％を本人と勤務先で半分ずつ負担するため、**給与額の約9・2％が本人の負担**となります。健康保険料と合わせて、毎月の給与から天引きされます。厚生年金保険料は、国民年金保険料と比較して負担は重いものの、その分受給できる年金も多くなります。厚生年金は国民年金に上乗せする手厚い年金制度であり、よく国民年金は1階、厚生年金は2階といった形で表現されます。

なお、**国民年金**については、年金受給額の増額や、受給資格が得られる保険料の支払期間を満たすため、**60歳~65歳未満の期間も任意に加入することが可能**です。さらに65歳の時点で年金の受給資格がなければ、70歳になるまで任意加入が認められます。任意加入期間中も国民年金保険料を負担し続けることになります。

厚生年金については、**70歳の時点で年金の受給資格を満たしていなければ、それ以降も任意加入が認められ、任意加入期間中も厚生年金保険料を負担し続ける**ことになります。

以上より、老後も給与をもらっているなど、ある程度の収入がある人は、現役世代と同水準で税金や社会保険料の負担が必要となりますが、年金生活者については、それほど大きな負担にはなりません。

また、低所得者の人については、税金や社会保険料の減免制度もありますので、ぜひ自治体や年金事務所等、関連するホームページを調べてみて下さい。

07

年金はいくらもらえるの？

前節までは支出の話をしてきました。ここでは収入面を詳しく見ていきます。02節で平均の年金額については述べましたが、あなた自身のケースで将来の年金見込額を確認してみましょう。

まず、今までの**年金加入実績**（年金保険料を何カ月払ってきたかという実績）で、いくら年金をもらえるのかということについては、毎年誕生月に送られてくる「**ねんきん定期便**」によって把握できます。

ねんきん定期便は、35歳、45歳、59歳以外の人はハガキで、35歳、45歳、59歳の人は封書（A４用紙複数枚）**で届きます。**

いずれも、これまでの保険料納付額、これまでの年金加入期間、これまでの加入実績に応じた年金額は明記されていますが、月別の納付状況、老齢厚生年金の受給額の基礎となる標準報酬月額、保険料納付額などについては、**ハガキ版では直近13カ月のみの情報であるのに対し、封書版では全期間の情報が載っています。**

特に若い世代は、加入してから現在までの短期間の年金見込額しか把握できず、将来の年金見込額をねんきん定期便のみから把握することは困難です。そこで、将来受け取ることができる年金見込額を試算するツールとして、厚生労働省より「**公的年金シミュレーター**」というツールが用意されています。

公的年金シミュレーターを利用すれば、ねんきん定期便に表示されている二次元コードで、国民年金のみの加入か、厚生年金に加入しているか、会社員・公務員か、パート・アルバイトか、年金の受給開始年齢、将来の年収の見込額などの情報を入力するだけで、簡単に将来受け取ることができる年金見込額を試算することができます。

ただし、ねんきん定期便の情報や、公的年金シミュレーターの試算は、あくまで現在の年金制度における年金の見込額です。将来的に後述する年金額の基礎となる**老齢基礎年金満額などが大きく変われば、実際の年金受取額も大幅に変わる**可能性があります。なお、あなた自身の過去の加入記録に基づく、より詳細な年金見込額のシミュレーションを行いたい場合は、日本年金機構の「**ねんきんネット**」の利用をおすすめします。

ねんきん定期便や公的年金シミュレーター・ねんきんネットの試算のみではしっくりこないという人は、実際に計算してみるのもよいでしょう。

まず、国民年金に加入している人が1年間にもらえる老齢基礎年金は、以下の算式が受給額となります。

（令和6年4月から。昭和31年4月2日以後生まれの人）

老齢基礎年金額＝81万6000円×（保険料納付済月数÷480カ月）

（令和6年4月から。昭和31年4月1日以前生まれの人）

老齢基礎年金額＝81万3700円×（保険料納付済月数÷480カ月）

国民年金保険料の全額または一部免除を受けた場合は、「**保険料納付済月数**」が調整されます。また、国民年金の付加保険料（月額400円）を納めた期間がある場合は、**（2**

【公的年金シミュレーター】

URL ● https://www.mhlw.go.jp/stf/kouteki_nenkin_simulator.html

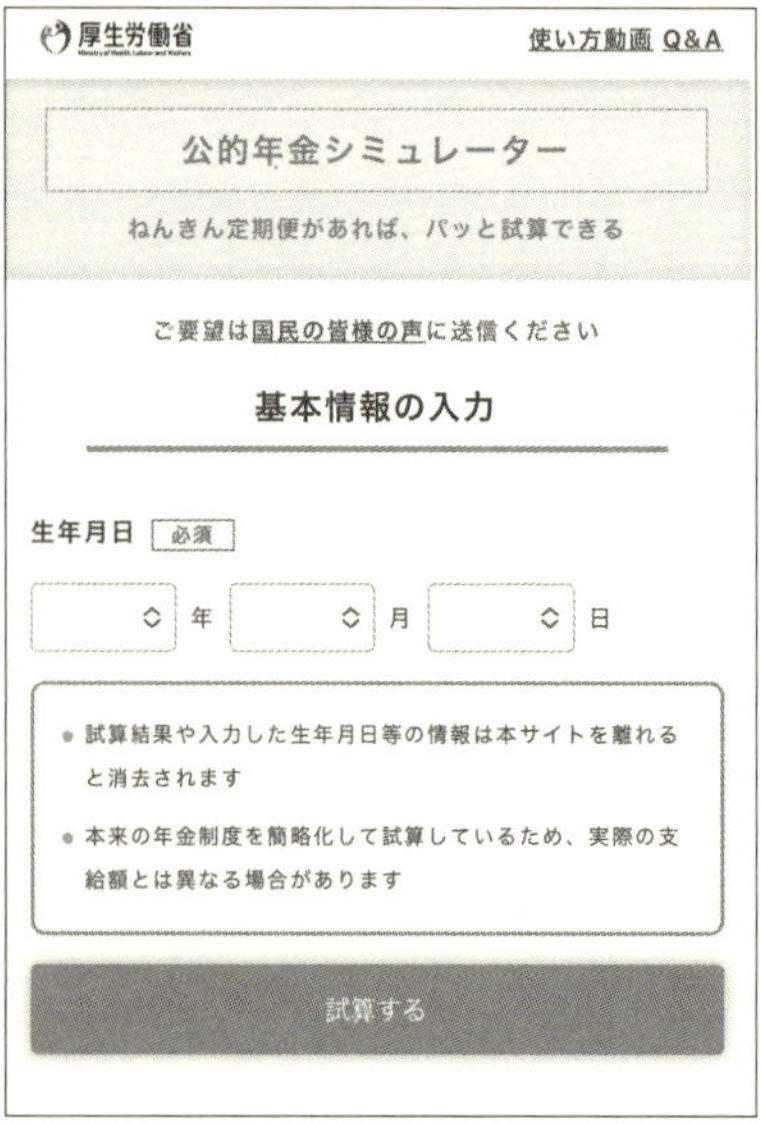

「公的年金シミュレーター」は、働き方・暮らし方の変化に応じて、将来受給可能な年金額を簡単に試算できるツールです。

【ねんきん定期便の二次元バーコード】

「ねんきん定期便」にある二次元バーコードを読み取ると、生年月日を入力するだけで簡単に試算できます。

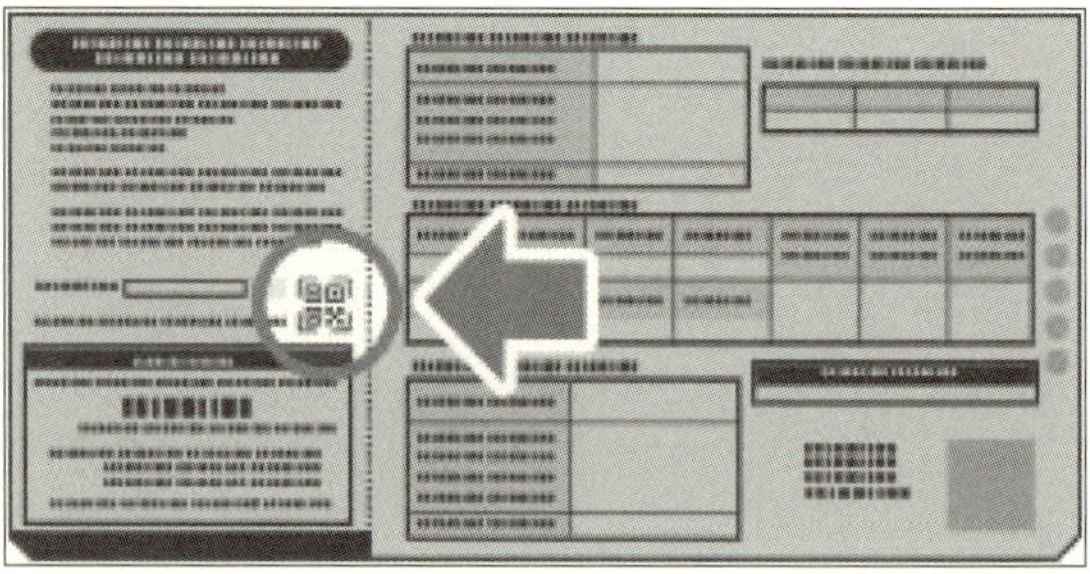

00円×付加保険料納付月数）が老齢基礎年金に上乗せされます。老齢基礎年金は原則として10年（120カ月）以上保険料を納めていないと、受け取ることができません。

続いて厚生年金についてですが、厚生年金に加入していた期間は、前述の老齢基礎年金に加えて、老齢厚生年金の受給対象となります。

老齢厚生年金は、**会社員として働いていた期間と、もらっていた給与額などに応じて決まります**。老齢厚生年金は、老齢基礎年金と比較して計算が複雑なので、難しいなと思った方は一旦飛ばして下さい。

老齢厚生年金は、以下の算式により計算されます。

老齢厚生年金額＝報酬比例部分（1）＋経過的加算（2）＋加給年金額（3）

（1）報酬比例部分

年金の加入期間や過去の報酬（給与・賞与）に応じて決まります。

報酬比例部分＝①＋②

①平均標準報酬月額×7・125／1000×平成15年3月までの加入期間月数
②平均標準報酬額×5・481／1000×平成15年4月以降の加入期間月数

①の平均標準報酬月額と、②の平均標準報酬額は、「月」があるかないかの違いがあり、内容も異なります。

①の**平均標準報酬月額**は、2003（平成15）年3月以前の加入期間における各月の標準報酬月額（月々の給与額）の総額をその加入期間の月数で割って計算されます。

一方、②の**平均標準報酬額**は、2003年4月以降の加入期間における各月の標準報酬月額（月々の給与額）と標準賞与額の総額をその加入期間の月数で割って計算されます。

「**7・125**」「**5・481**」の数値は給付乗数といい、1946（昭和21）年4月1日以前に生まれた人については、給付乗率が異なります。

1994（平成6）年の水準で標準報酬を再評価し、年金額を計算した「従前額」が、前述の報酬比例部分を上回る場合は、従前額が報酬比例部分の額になる「従前額保障」というルールがありますが、より複雑になるためここでは割愛します。

(2) 経過的加算

国民年金への加入時期の違いにより、年金額が相違するといった不公平を解消させる仕組みで、以下の金額となります。

①1956(昭和31)年4月2日以後生まれの人
1701円×生年月日に応じた率(昭和21年4月2日以降に生まれた人は1)**×厚生年金加入月数−81万6000円×厚生年金加入月数(20歳以上60歳未満)/480**

②1956(昭和31)年4月1日以前生まれの人
1696円×生年月日に応じた率(昭和21年4月2日以降に生まれた人は1)**×厚生年金加入月数−81万3700円×厚生年金加入月数(20歳以上60歳未満)/480**

（3）加給年金額

厚生年金加入期間が20年以上ある場合、65歳到達時点でその人に生計を維持されている配偶者や子どもがいるときに加算される上乗せ分です。**配偶者および1人目、2人目の子どもについては、23万4800円、3人目以降の子どもについては7万8300円**が加給年金額となっています。

加給年金は、配偶者が65歳に達すると加算が終了します。また、子どもについては18歳に到達した年度の3月31日を迎えた時点で、子どもが1級・2級の障害の状態にある場合は20歳に達した時点で加算が終了します。

以上のように、複雑な老齢厚生年金ですが、平均でいくらくらいになるのでしょうか？

「令和4年度 厚生年金保険・国民年金事業の概況（厚生労働省）」によれば、**2022（令和4）年度の厚生年金（老齢厚生年金）**の**月額平均は、14万4982円**となります。これは、前述の**国民年金（老齢基礎年金）**を含んだ金額です。なお、公務員や私立学校の教職員については、老齢基礎年金（1階部分）、老齢厚生年金（2階部分）に加えて、年金払い退職給付（3階部分）が支給される仕組みになっています。

老齢基礎年金、老齢厚生年金共に、**障害基礎年金・障害厚生年金、遺族基礎年金・遺族厚生年金**の制度があります。

障害基礎年金・障害厚生年金は、病気やけがで障害を負い、その程度が法で定める状態になったときに支給される年金で、遺族基礎年金・遺族厚生年金は、本人が死亡したときに、遺族に支給される年金です。同じ支給事由による年金、つまり「**老齢基礎年金と老齢厚生年金**」、「**障害基礎年金と障害厚生年金**」、「**遺族基礎年金と遺族厚生年金**」は、1つの年金とみなされ、あわせて受けることができます。一方で、2つ以上の年金を受けとれるようになったとしても、原則としていずれか1つの年金を選択することになります。

また、会社員や公務員など国民年金の第2号被保険者に扶養されている主婦（夫）は、国民年金の第3号被保険者に分類され、保険料を負担することなく、老齢基礎年金を受給できます。これがいわゆる「主婦（夫）年金」です。

前述の「厚生年金保険・国民年金事業の概況（厚生労働省）」によれば、**国民年金の平均年金月額は5万4426円**であり、概ねこの金額が主婦（夫）年金の金額（基礎年金のみ）といえるでしょう。よって、収入面において、主婦（夫）年金の分、世帯単位で考え

【老齢給付と障害給付と遺族給付】

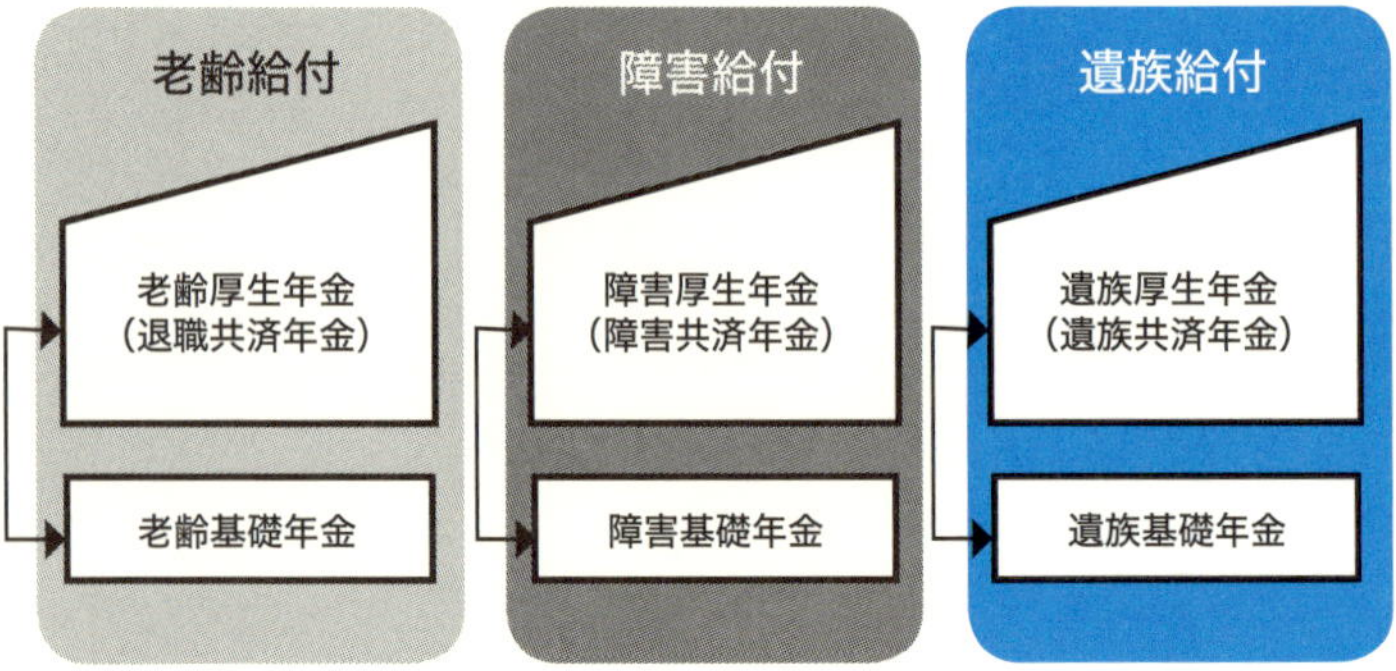

1つの年金とみなされてあわせて受け取ることができます

日本年金機構ホームページより作図

れば、おひとりさまよりも夫婦の方が有利となります。

共働きの世帯は年々増加傾向にあり、専業主婦（夫）も一時期は厚生年金に加入することが一般的であることから、実際に主婦（夫）が受給する年金（基礎年金＋厚生年金）は、前述の**5万4426円を大幅に上回っている**ことが一般的でしょう。

02節で掲載した65歳以上の単身無職世帯（高齢単身無職世帯）の**「社会保障給付」の平均額は、11万8230円**であるのに対し、65歳以上の夫婦のみの無職世帯（夫婦高齢者無職世帯）については**21万8441円**となっており、**10万円程度**も差があります。

08 生命保険は本当に必要？

将来病気やけがで、多額の医療費がかかるかもしれないといった不安や、万が一入院した場合に収入が途絶えてしまうかもしれないといった不安から、生命保険に加入しているという人は多いようです。

公益財団法人生命保険文化センターの「2022（令和4）年度生活保障に関する調査」によれば、**生命保険への加入率は、**全体で79・8%、**男性で77・6%、女性で81・5%と**なっています。30代～60代の世代では、**男女ともに8割を超える人が生命保険に加入して**おり、**70代でも男性で72・5%、女性で78・8%**の加入割合となっています。おひとりさまについては、全体の平均よりは加入割合は低いものの、医療保険や貯蓄性のある個人年金保険などは加入率が高いようです。しかし本当に必要なのでしょうか？

結論から言えば、**特におひとりさまはほとんどの生命保険には加入する必要はなく、**既婚者や子どもがいる人でも、**加入に値する生命保険は非常に少ない**といえます。つまり、多くの人が、不要な生命保険に加入しているのが実情です。

まず、自分が死亡した際に、遺族へ死亡保険金が支払われることを主な目的とする定期保険や終身保険については、おひとりさまは加入する必要はありません。というのも、自分が死亡したとしても、路頭に迷う可能性がある家族がおらず、財産を残す必要がないからです。おひとりさまでも、万が一に備えて親を死亡保険金の受取人として、生命保険に加入する人もいますが、親は一定の財産を持っていることが一般的です。また、「子どもが亡くなったら保険金がほしい」と思っている親もごく少数派でしょう。

なお、定期保険は満期がある保険で、死亡など万が一のことが起こらないまま満期を迎えた場合は、そのまま契約終了となり、満期保険金の受け取りはありません。**定期保険の保険料は終身保険と比較すると安く、基本的には掛け捨て**です。つまり、貯蓄性はありません。

一方、**終身保険は、文字通り死亡保障が一生涯続く保険**で、被保険者が何歳で死亡したとしても、保険金の受取人は保険会社から死亡保険金を受け取ることができます。また、解約した場合も契約期間に応じた解約返戻金を受け取ることができます。そのため、**貯蓄性が高い**保険といえます。ただし、そのように保障が充実しているため、掛け捨て型である定期保険と比較して、保険料は高く設定されています。

養老保険も貯蓄性が高い生命保険です。養老保険は、終身保険とは異なり満期がありますが、満期までの間に、被保険者が死亡または高度障害状態になった場合にも、保険金が支払われます。

さらに、何事もなく保険期間が終了した場合には、死亡保険金と同額の満期保険金が支払われます。よって、掛け捨ての定期保険と比較して、保険料は高く設定されています。

そもそも、**貯蓄を保険で行うというのは、非常に効率が悪い**です。というのも、保険会社には日本を代表するような大企業も多く、そのような大企業は莫大な経費をかけて事業活動を行っています。大量に雇用している従業員に対する人件費や、広告宣伝費も巨額であり、そのような経費は加入者から支払われる保険料で賄われています。貯蓄性のある保険商品は、加入者から払い込まれた保険料の一部を運用していますが、保険会社の運営に巨額のコストがかかっているため、おのずと**運用益から加入者へ還元される分というのは少なくなります**。それよりも、自分で**ネット証券など手数料が安い証券会社に口座を開き、リスクの低いインデックス投資を行った方が、多くの投資利回りを期待できます。**

では、**医療保険**についてはどうでしょうか。死亡への備えは必要ないし、貯蓄も他の手段でちゃんと行うから必要ないけれど、将来、公的医療保険ではカバーしきれない医療費がかかってしまうことに備えて、医療保険に加入するという人は多いです。ただし、日本の充実した公的医療保険制度を前提とすれば、医療保険についても、ほとんどが加入する必要はないでしょう。

まず、医療保険に加入すると、病気やけがで入院したり、手術を受けたりしたときに給付金を受け取ることができます。入院する場合にかかる自己負担費用ですが、前述の「生活保障に関する調査」によれば、**平均で1日あたり2万7000円、総額で19万8000円**となっています。これに対して、**医療保険に加入した場合には、一般的には入院給付金は日額5000円~1万円程度、手術給付金は10万円程度**で設定されることが多いですが、その自己負担費用と給付金のバランスからは、わざわざ医療保険に加入する必要もないと考えるのが適切ではないでしょうか。

生命保険は、万が一の巨額の損失に備えるものであり、数十万円程度の臨時の支出に備えるためには、第二章で解説するＮＩＳＡなどによる貯蓄をしっかりしておけば十分です。

そもそも、我が国には病院などでの窓口負担額が一定の限度額を超えた場合に、その超えた金額について払い戻しを受けることができる「高額療養費制度」という制度があります。たとえば、大がかりな手術を受け、１カ月１００万円の医療費（自己負担割合が3割の場合は30万円の自己負担）がかかったとしましょう。この場合、年収が約３７０万円～７７０万円の人であれば、自己負担は８万７４３０円で済むことになります。

高額療養費制度を利用すれば、医療費の自己負担額が莫大になることを防ぐことができます。なお、高額療養費制度の対象となるのは、基本的には保険適用される医療費に限られ、差額ベッド代や入院時の食事代、先進医療の技術料などは高額療養費制度の対象になりません。そこで、そのような保険適用外の医療費を賄うために、医療保険は必要だと考える人も多いですが、保険適用されない医療費の対象となる医療サービスは、そもそも必要性が高くないといえます。

先進医療は、効果が期待されるものがある一方、新しい治療方法であるため予期せぬ副作用が起こる可能性もあります。よって、そのような医療費のために、医療保険に加入し、保険料を払い続けることは無駄となる可能性が非常に高いといえます。

がん保険も同様で、**ほとんどの場合不要**です。死因で最も多いのががんであることから、特にがん家系の人は、がん保険の必要性を強く感じるかもしれません。ただし、がん治療においても**公的医療保険は一般的なものはカバーしており**、また多額に医療費がかかったとしても、**高額療養費制度**があります。

がん治療にあたって、公的医療保険ではカバーしきれない先進医療を受けることに備えて、がん保険に加入すべきと考える人も多いですが、先進医療が必ずしも頼りにならないことは前述の通りです。**がんは恐ろしいものというイメージ**は多くの人に植え付けられており、それが**がん保険への加入率を引き上げていますが**、公的医療保険と貯蓄により対応すれば十分だと考えられます。

病気やけがにより、仕事を長期で休まざるを得なくなった場合、収入が途絶えることが

【高額療養費制度が適用された場合の具体例】

70歳以上・年収約370万～770万円の場合（3割負担）
100万円の医療費で窓口負担（3割）が30万円かかる場合

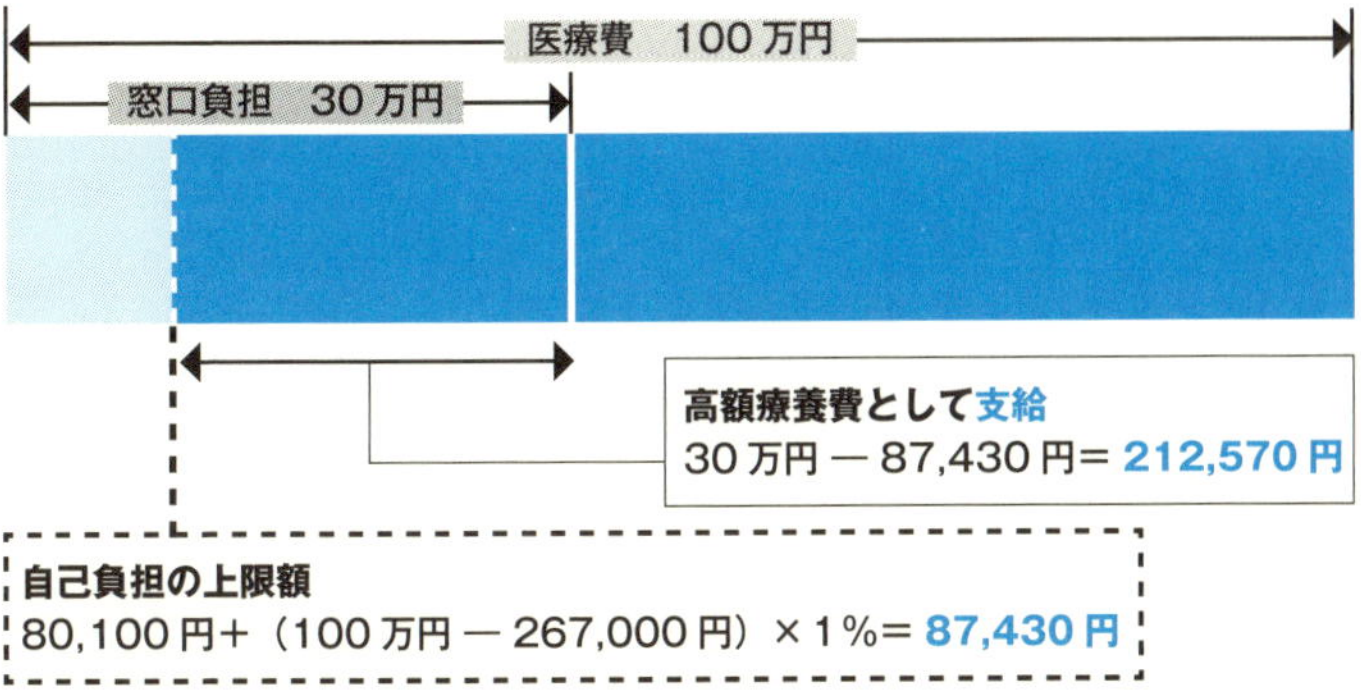

➡ 212,570円を高額療養費として支給し、実際の自己負担額は87,430円

心配なので、やはり保険には入っておいた方がよいのではないか、と考える人も多いですが、そういった局面でも公的医療保険は非常に頼りになります。

公的医療保険制度においては、病気やけがで仕事を休み、勤務先から給与がもらえなければ、**「傷病手当金」**の支給を受けることができます。傷病手当金は、**病気やけがによって4日以上連続して仕事ができなかった場合、4日目から支給を受けることができます。**

支給額は以下の通りです。

1日当たりの金額 ＝（支給開始日以前の12カ月間の各標準報酬月額を平均した額）÷30日 ×（2／3）

【高額療養費制度の自己負担額の一覧】

＜ 70 歳以上＞

<table>
<tr><th colspan="2" rowspan="2">適用区分</th><th colspan="2">ひと月の上限額（世帯ごと）</th></tr>
<tr><th>外来（個人ごと）</th><th></th></tr>
<tr><td rowspan="3">現役並み</td><td>年収約 1,160 万円～
標報 83 万円以上／課税所得 690 万円以上</td><td colspan="2">252,600 円＋
（医療費 ― 842,000）×1％</td></tr>
<tr><td>年収約 770 万円～約 1,160 万円
標報 53 万円以上／課税所得 380 万円以上</td><td colspan="2">167,400 円＋
（医療費 ― 558,000）×1％</td></tr>
<tr><td>年収約 370 万円～約 770 万円
標報 28 万円以上／課税所得 145 万円以上</td><td colspan="2">80,100 円＋
（医療費 ― 267,000）×1％</td></tr>
<tr><td>一般</td><td>年収 156 万円～約 370 万円
標報 26 万円以下／課税所得 145 万円未満等</td><td>18,000 円
（年 144,000 円）</td><td>57,600 円</td></tr>
<tr><td rowspan="2">住民税非課税等</td><td>Ⅱ住民税非課税世帯</td><td rowspan="2">8,000 円</td><td>24,600 円</td></tr>
<tr><td>Ⅰ住民税非課税世帯
（年金収入 80 万円以下等）</td><td>15,000 円</td></tr>
</table>

＜ 69 歳以下＞

<table>
<tr><th colspan="2">適用区分</th><th>ひと月の上限額（世帯ごと）</th></tr>
<tr><td>ア</td><td>年収約 1,160 万円～
健保：標報 83 万円以上
国保：旧ただし書き所得 901 万円超</td><td>252,600 円＋
（医療費 ― 842,000）×1％</td></tr>
<tr><td>イ</td><td>年収約 770 万円～約 1,160 万円
健保：標報 53 万～ 79 万円
国保：旧ただし書き所得 600 万～ 901 万円</td><td>167,400 円＋
（医療費 ― 558,000）×1％</td></tr>
<tr><td>ウ</td><td>年収約 370 万円～約 770 万円
健保：標報 28 万～ 50 万円
国保：旧ただし書き所得 210 万～ 600 万円</td><td>80,100 円＋
（医療費 ― 267,000）×1％</td></tr>
<tr><td>エ</td><td>～年収約 370 万円
健保：標報 26 万円以下
国保：旧ただし書き所得 210 万円以下</td><td>57,600 円</td></tr>
<tr><td>オ</td><td>住民税非課税者</td><td>35,400 円</td></tr>
</table>

厚生労働省「高額療養費制度を利用される皆さまへ」より作図

つまり、概ね月給の2／3に相当する金額を休んでいる間もらうことができます。療養中は出費が少なくなることが一般的であり、ある程度の貯蓄があれば休業によって無収入となっても、傷病手当金で十分にカバーできるのではないでしょうか。しかも、**傷病手当金は支給を開始した日から通算して1年6カ月が支給対象**となります。平均入院期間は1カ月程度であることを考えても、十分な保障といえます。

民間の保険にも、病気やけがで働けなくなったときの収入減を補う「**就業不能保険**」がありますが、傷病手当金の保障内容を理解していれば、不要であることは容易にわかるでしょう。

なお、公的年金を補完するために、個人年金保険がありますが、個人年金保険については、第二章で解説します。

おひとりさまは、基本的には民間の生命保険に加入する必要がありません。次章以降で解説する貯蓄を積極的に進めて、将来の予期せぬ支出に備えておけば十分です。

認知症になってしまったら誰がお金の管理をするの？

認知症になると、お金を管理する能力や、各種契約・手続きを行うための判断能力が低下し、生活に支障をきたすことがあります。

そのような場合、まずは信頼できる家族にお金の管理や手続きなどを依頼するのが一般的です。家族は、生活状況や医療費・介護費用の支出をしっかり把握していることが多いため、管理を任せやすいでしょう。ただし、家族間で金銭トラブルが起こる可能性もあり、またおひとりさまの場合は、身近に信頼できる家族がいないということも多いでしょう。

もし家族に頼ることが難しければ、法定後見制度を利用することを検討しましょう。この制度は、本人の判断能力が低下した後に、家庭裁判所が適切な後見人等を選任し、本人の財産管理や生活支援を行う仕組みです。

「（成年）後見人」、「保佐人」、「補助人」の3種類が用意されており、本人（被後見人）の判断能力がほぼ失われている場合に後見人が、判断能力が「著しく不十分」である場合は保佐人が、判断能力が「不十分」である場合には補助人が選任されます。法定後見制度を利用するには、家庭裁判所に申し立てを行う必要があります。申し立ては、本人、配偶者、親族、または市区町村長などが行うことができます。

後見人には、ほぼすべての法律行為の代理権が認められており、保佐人、補助人については、家庭裁判所が認める場合のみ、代理権が認められます。

認知症を患い、判断能力を欠く場合は、後見人が選任されます。後見人は、本人の財産を管理するために、通帳・キャッシュカード・実印・不動産の権利証などを預ります。後見人による横領を防ぐために、後見人は、年1回、家庭裁判所へ定期的に報告する義務を負うため、安心して法定後見制度を利用することができます。

ただし、一旦、法定後見制度の利用を始めると、基本的には本人が亡くなるまでは、やめることはできません。そのため、資産運用もできず、資産を積極的に増やす機会が失われることがあります。

また、後見人などの選任には、手間とコストもかかります。法定後見制度の利用にあたっては、慎重に判断する必要があります。

第二章　将来のおひとりさまに備えて今からできること

09

iDeCoはお得だけどデメリットもある！

第一章で述べた通り、公的年金のみでは老後の生活費を賄いきれない可能性が高く、公的年金以外に頼りになる制度がなければ、人々の不安は増すばかりです。そこで国も、個人が自分で資産運用を行い、老後資金を準備するための仕組みを用意しています。その一つが個人型確定拠出年金（iDeCo）です。

iDeCoを簡潔に説明すると、**毎月自分で決めた一定額を拠出し、そのお金で投資信託や定期預金などの金融商品を購入し、運用を行う**というものです。そして、60歳から75歳までの間に拠出額と運用損益の合計額を、老齢給付金として受け取り始めることができます。

iDeCoは65歳未満の国民年金被保険者であれば、加入することができます（本書執筆時点で、70歳未満に引き上げる案も検討されています）。単に資産運用するための制度というわけではなく、税制面での優遇措置（節税効果）があります。資産運用といっても何ら難しいことはなく、基本的には最初の加入手続きを行い、運用する金融商品を選択して、あとは放っておくだけでよいので、株や投資信託の運用を行ったことがないという人でも、簡単に行うことができます。

なお、後述の通り、運用により損失が出た場合は元本割れ（拠出額合計よりも目減りした金額となること）することもあります。

まずｉＤｅＣｏの最大のメリットである、節税について説明します。以下の３つの場面で節税ができます。

(1) 掛金の所得控除

毎月自分で決めた金額を、窓口である運営管理機関（金融機関など）のｉＤｅＣｏ専用の口座に拠出すると、その全額について、所得控除を受けることができます。つまりその分、所得税と住民税の計算の基礎となる課税所得を少なくすることができます。例えば、年収５００万円のサラリーマンが、上限である毎月2万３０００円（年間で27万６０００円）の掛金を拠出した場合は、年間で約5万５０００円程度、節税できます。

通常の株式投資なら、証券会社の口座へ入金しただけで所得控除を受けることはできません。掛金の所得控除はｉＤｅＣｏに特別に認められた税制優遇です。

（２）運用益が非課税

拠出したお金は、自分であらかじめ決めた金融商品の購入に充てられますが、運用によって利益が出た場合でも、その利益について課税されることはありません。通常の口座で投資信託などを購入し、分配金をもらったり、売却などによって利益が出た場合は、分配金・売却益などについて20・３１５％（所得税等15・３１５％、住民税５％）の税金がかかります。

（３）受取時の税制優遇

60歳から75歳までの間に、それまで拠出した分に運用益を加えた分（または損失を控除した分）を老齢給付金として受け取り始めることができますが、受け取り方としては、**年金か一時金のいずれかを選択**できます。定期的に受け取る年金の場合は、「**公的年金等に係る雑所得**」となり、第一章06節でも述べた通り、その所得からは一定金額が控除されます（公的年金等控除額といいます）。一方、全額または一部を受け取る一時金の場合は「**退**

【iDeCoを一時金として受け取る場合の退職所得控除額】

iDeCoの加入年数	退職所得控除額
20年以下	40万円×iDeCoの加入年数
20年超	800万円＋70万円×（iDeCoの加入年数－20年）

【退職所得の税率】

課税退職所得金額	所得税率（※）	住民税率
195万円以下	5%	10%
195万円超～330万円以下	10%	
330万円超～695万円以下	20%	
695万円超～900万円以下	23%	
900万円超～1,800万円以下	33%	
1,800万円超～4,000万円以下	40%	
4,000万円超	45%	

（※）別途、所得税額×2.1%の復興特別所得税がかかります。

職所得」として扱われます。退職所得は、他の所得とは分けて税金が計算される分離課税であり、以下のように税額が計算されます。

（一時金 − 退職所得控除額）× 1／2 = 課税退職所得金額
課税退職所得金額 × 所得税率 = 所得税額

退職所得控除は、本来は退職金にのみ認められる優遇措置です。その退職所得控除額を差し引いた後にさらに1／2が掛けられるので、他の所得と比較して所得・税額ともに少なくできるのです。

iDeCoの運用対象ですが、銀行や証券会社などそれぞれの運営管理機関によって異なります。各社数十種類以上の金融商品があり、どれを選択すべきか迷ってしまうかもしれません。あまり金融商品の知識がない人は、人気のものを選択するとよいでしょう。証券会社のサイトで人気がある投資信託のランキングなどが公表されていることもあります。

掛金は、最低月額5000円から1000円単位で自由に設定することができます。掛金は、年に1回変更できるため、資金的に余裕があれば増やし、余裕がなければ減らすようにしましょう。

ただし、公的年金の加入状況や職業により、以下の上限があります。

第1号被保険者（自営業者など）……6万8000円／月
第2号被保険者（企業年金などに加入していない会社員）……2万3000円／月
第2号被保険者（公務員）……2万円／月
第3号被保険者（主婦・主夫）……2万3000円／月

iDeCoを始めるためには、まず窓口である運営管理機関を選びます。数多くの証券会社などがあるので、迷うかもしれませんが、人気のあるネット証券を選択すれば間違いないでしょう。iDeCoは、1人1口座しか開設できないので、運営管理機関も1つに絞る必要があります。インターネットで検索を行えば、SBI証券や楽天証券など、数社が候補に上がると思います。

そして、必要書類（本人確認書類、申込書など）を用意し、運営管理機関へ提出します。その後、iDeCoの実施主体である国民年金基金連合会により審査が行われ、問題がなければ登録されます。登録が終われば、加入者が掛金の設定を行い、運用する金融商品を選択します。運用する金融商品は、掛金の配分割合を入力するだけなので、とても簡単です。

一方で、iDeCoは以下3つのデメリットがあります。

(1) 原則途中引き出し不可

iDeCoに積み立てたお金は、**原則として60歳になるまで引き出せません**。よって、急な資金需要には対応できない点に注意が必要です。

(2) 手数料がかかる

加入時、運用期間中、給付金の受取時などにそれぞれ手数料が発生します。手数料は運営管理機関により異なりますが、年間5000円から1万円程度かかる場合もあります。

（3）運用リスクがある

投資信託などについては、**元本割れのリスク**があります。定期預金など、元本割れしない元本確保型の金融商品もありますが、リスクが低い分、運用益もあまり見込めません。

iDeCoは、**資金的に余裕がある人で、長期投資により老後資金を計画的に積み立てたい人に向いている制度**といえます。また、**掛金を拠出した際の節税効果は、税額が高い高額所得者の方が大きいため、ある程度所得がある人に向いています。**所得が低い人は、手数料と労力を考えると、割に合わないかもしれません。

ちなみに、iDeCoの加入者は2024（令和6）年9月末時点で約344・3万人に留まっている一方、NISA（詳細は11節）は同年6月末時点で2427・6万口座となっています。NISAの方が幅広い人に支持されているのが現状です。よって、**NISAを行いつつ、余裕がある人は、iDeCoも併用**して行うという方針がよいかと思います。

10

民間の個人年金保険は入るべき？

少ない公的年金を補うために、民間の保険会社と契約して、老後資金を準備するための私的年金が**個人年金保険**です。個人年金保険は、保険料をあらかじめ定めた年齢まで分割で（月払い、年払いなど）、または契約時に一括で支払うことにより、**老後に年金または一時金を受け取る**ことができます。個人年金保険は、年金受取期間中に亡くなった場合も、残りの年金を本人に代わって遺族が受け取れる商品もあります。つまり、万一のときの生命保険の役割も果たします。

個人年金保険は、年金の受取期間の違いにより、確定年金、有期年金、終身年金の**3種類**に分類されます。

確定年金は、年金の受取期間が決まっており、受取期間中に本人が死亡した場合でも、残りの年金を遺族が受け取ることができます。**有期年金**も契約時に定めた期間は年金を受

【個人年金保険の受取期間の違い】

	確定年金	有期年金	終身年金
年金受取期間	契約時に定めた年数	契約時に定めた年数	一生涯
遺族の受取り	可	不可	不可

け取ることができますが、年金受取期間中に本人が死亡すると、以後、遺族は年金を受け取ることができません。**終身年金**は、被保険者が生存している限り年金の受け取りが可能ですが、有期年金と同様、年金受取期間中に本人が死亡すると、遺族は年金を受け取れません。

また、運用方法によって「**定額年金保険**」「**変額年金保険**」の2種類に分類されます。定額年金保険は、**加入した時点で将来の年金受取額が確定している**個人年金保険です。定額年金保険は、契約当初の予定利率で払い込まれた保険料が運用されます。一方、変額年金保険は、**保険会社の運用結果によって将来の年金受取額が変動する**保険です。保険会社は、払い込まれた保険料を投資信託などで運用するため、変額年金保険はインフレリスクも軽減されています。

【生命保険料控除の金額（新制度：2012 年以降に締結した保険契約）】

所得税		住民税	
年間の支払保険料	生命保険料控除額	年間の支払保険料	生命保険料控除額
2万円以下	支払保険料の全額	1.2 万円以下	支払保険料の全額
2万円超～ 4万円以下	支払保険料× 1/2+1 万円	1.2 万円超～ 3.2 万円以下	支払保険料× 1/2+0.6 万円
4 万円超～ 8 万円以下	支払保険料× 1/4+2 万円	3.2 万円超～ 5.6 万円以下	支払保険料× 1/4 ＋ 1.4 万円
8 万円超	一律4万円	5.6 万円超	一律 2.8 万円

【生命保険料控除の金額（旧制度：2011 年内までに締結した保険契約）】

所得税		住民税	
年間の支払保険料	生命保険料控除額	年間の支払保険料	生命保険料控除額
2.5 万円以下	支払保険料の全額	1.5 万円以下	支払保険料の全額
2.5 万円超～ 5 万円以下	支払保険料× 1/2+1.25 万円	1.5 万円超～ 4 万円以下	支払保険料× 1/2+0.75 万円
5 万円超～ 10 万円以下	支払保険料× 1/4+2.5 万円	4 万円超～ 7 万円以下	支払保険料× 1/4+1.75 万円
10 万円超	一律 5 万円	7 万円超	一律 3.5 万円

個人年金保険のメリットの一つとして挙げられるのが、支払った保険料について、**所得控除（生命保険料控除）**を受けられる点です。つまり、節税効果があります。iDeCoとは異なり、支払った保険料が一定額以上の場合は、保険料の全額について、所得控除を受けられるわけではありませんが、一般の生命保険や介護医療保険同様の所得控除を受けられます。

新制度と旧制度両方の保険契約がある場合は、生命保険料控除額は、**新・旧合わせて所得税で12万円、住民税で7万円**が上限です。生命保険料控除は所得控除なので、**控除額×税率**が節税額となります。

では、個人年金保険は加入に値するのでしょうか？

結論から言えば、ほとんどの個人年金保険は**デメリットの方が多く、加入に値しません。**

まず、**定額年金保険**は、特に最近契約をしたものは、**保険会社の運用利回りである予定利率が低く、保険料が割高**であるため、後述する「お宝保険」を除いては、運用上のメリットはほとんどありません。iDeCoと異なり中途解約は可能ですが、中途解約を行うとそれまでに支払った保険料の総額よりも少ない金額しか戻ってきません。つまり、**中途**

解約は元本割れとなる可能性が高いのです。さらに、**契約時に予定利率と年金額が固定されてしまうため、インフレリスクに対応できません**。この点、インフレリスクを回避するために、外貨建ての定額年金保険を保険会社から勧められることもありますが、外貨建てであるがゆえに為替リスクが存在します。つまり、為替レートの変動により、結果として年金受け取り時における円換算後の金額が、目減りしてしまう可能性があります。

また、**変額年金保険**は、保険会社の運用成績次第では高い運用利回りを期待でき、インフレリスクも少ないですが、定額年金保険のように**受け取れる年金額の最低保証はありません**。年金額が**元本割れする可能性があり、さらには大きな損失を被るリスク**もあります。一般的に**手数料も高額**です。

節税効果はあるものの、生命保険料控除の上限額は前述の通り低く、多くの個人年金保険契約について上限に達してしまうため、節税効果としては薄いでしょう。

よって、まずはNISA、次にiDeCoを検討し、その上で**資金的に十分な余裕があるのであれば、個人年金保険も検討**するという形がよいでしょう。

ただし、前章でも解説しましたが、民間の保険は、一般的には保険会社に多額のコストがかかっていることから、コストパフォーマンスは低いです。そのため、保険会社に割高な保険料を支払ってでも、将来の年金を確保したいという人、自分で資産運用することが大嫌いな人のみが、加入を検討するのがよいかと思います。

なお、ケースとしては少ないですが、予定利率の高い、いわゆる「**お宝保険**」に加入している人は、解約せずに契約を続けた方がいいかもしれません。

バブル期あたりの**高金利時代に契約した個人年金保険**は、**非常に高い予定利率**が設定されており、中には5％台のものもあります（通常は1％前後）。こういった利率の高い貯蓄型保険は「お宝保険」と呼ばれます。昔から個人年金保険に加入しているという人は、予定利率以外の部分も含めて有利な条件であるか、確認してみましょう。その上で、有利な条件だと確信できる場合のみ、保険契約を継続するようにして下さい。

11

NISAは絶対におすすめ！

2024（令和6）年6月末時点で、2427・6万口座も開設されているNISA。単純計算で、**成人の5人に1人以上が利用**していることになります。特に2024年1月以降、新制度になってから口座を開設する人が急増したようです。

NISAとは、**少額投資非課税制度**のことであり、将来の資産づくりをサポートするために政府が作った仕組みです。**iDeCo同様に、税制上の優遇措置**があり、通常は**約20％の税金がかかる投資の利益が非課税**となります。つまり、**NISAでいくらもうけが出ようと、税金は一切かかりません。**

NISAは「**つみたて投資枠**」と「**成長投資枠**」の2つの投資枠があり、併用が可能です。18歳以上なら、誰でも口座を開設することができる恒久的な制度であり、**非課税での保有期間も無制限**です。年間で投資できる金額の上限は、**つみたて投資枠が120万円、**

【NISAのつみたて投資枠と成長投資枠】

	つみたて投資枠	成長投資枠
非課税期間	無期限	無期限
投資可能期間	恒久化	恒久化
年間非課税投資枠	120万円	240万円
累計非課税投資枠	1800万円	
		1200万円（内数）
投資対象	金融庁の基準を満たす投資信託など	上場株式・投資信託など
対象年齢	18歳以上	18歳以上

成長投資枠が**240万円の合計360万円**となっています。累計で保有できる限度額も設定されており、つみたて投資枠と成長投資枠で**合計1800万円**（簿価＝取得金額）です。ただし、成長投資枠のみを利用する場合には、1200万円（同）が上限となります。投資対象は、つみたて投資枠では金融庁の基準を満たしたリスクの低い投資信託に限定されている一方、成長投資枠では、上場株式、投資信託などリスクが高い金融商品も含まれ、幅広いのが特徴です。

　このことから、**つみたて投資**

枠はリスクを避けて安全性の高い金融商品で、**コツコツ貯蓄**していきたい人に向いており、**成長投資枠**は、多少リスクを負ってでも**大きな利益を得たい**人に向いているといえます。自分の投資スタンスに合わせてうまく利用するようにしましょう。ただ、一般的にはＮＩＳＡを行う目的は、将来のための資金を少しずつ積み立てるところにあるため、つみたて投資枠のみ利用するというのもよいでしょう。

ＮＩＳＡを始めるには、金融機関に専用の口座を開く必要があります。口座開設・口座維持に手数料はかかりません。さらに、多くの金融商品について、取引手数料も無料です。なお、**NISA口座は1人1口座**しか開設できません。２０２３（令和５）年までに、旧ＮＩＳＡの口座を開設していれば、特別な手続きは必要なく、基本的には旧ＮＩＳＡ口座を開設している金融機関にて、自動で新ＮＩＳＡ口座が開設されます。

口座開設の手続きは、初めて行う人は少し迷うかもしれませんが、やってみれば非常に簡単です。金融機関を選択して、申請書類のほか本人確認書類などを提出し、口座開設の申し込みを行います。他の金融機関でＮＩＳＡ口座の開設がなされていないことなどが確認されれば、口座が開設されます。口座開設後は、投資対象の金融商品を選択し、投資金額を決めて、購入します。投資対象はたいへん多いので、金融商品の知識がない人は、ｉＤｅＣｏ同様、人気がある投資信託を選ぶとよいでしょう。

通常は約20％かかる金融商品の儲けに対する税金を、ＮＩＳＡではゼロにできるというのは非常に優遇されており、しかも２０２３年以前の旧ＮＩＳＡと比較して、利便性はさらに高まりました。そのことから、多くの人に支持されています。また、**iDeCoと異なり、いつでも解約することができます**。よって、急にお金が必要になったというときでも、資金不足になることを回避できます。新ＮＩＳＡはおすすめの制度なので、計画的な貯蓄を行いたいという人は、ぜひやってみましょう。

ただし、ＮＩＳＡもまったくデメリットがないわけではありません。

ＮＩＳＡはあくまで投資であるため、損失が出る可能性があります。つまり、当初の投資額から目減りしてしまう、**元本割れが発生する可能性**があります。さらに、通常の証券口座（特定口座・一般口座）で株や投資信託などの取引を行い損失が出た場合、他の口座で生じた利益と相殺すること（損益通算）が可能ですが、**NISA口座で生じた損失は、通常の証券口座で生じた利益と相殺することができません**。ＮＩＳＡ口座においては、利益に課税されない一方、損失は切り捨てられてしまうのです。

ただし、それらのデメリットは、安全性の高い投資信託などを投資対象とすることで、ある程度回避できます。安全性の高い投資対象であれば、大きな損失が発生する可能性も低く抑えられます。

２０２４（令和６）年８月上旬、米国景気の先行き不安から米国株価が急落し、それに伴い日経平均株価も暴落しました。２０２４年に入ってから初めてＮＩＳＡを始めたという人の中には、大きなショックを受け、保有していた金融商品を投げ売りしてしまったという人も多かったようです。ただし、**ＮＩＳＡは基本的には長期的な運用を前提としており、そのような株価暴落時に慌てて売ってしまう行動は、絶対に避けた方がよい**です。過去の歴史を見ても、長期的には必ず相場は回復します。投資初心者は、相場に一喜一憂しがちですが、相場が上がったときも下がったときも、コツコツＮＩＳＡ口座で金融商品を買い増すようにしましょう。いわゆる、「ドルコスト平均法」という投資方法が、ＮＩＳＡに限らずおすすめです。

ドルコスト平均法とは、**価格が上昇したときも、下落したときも、常に一定金額を定期的に購入する方法**です。ドルコスト平均法により、金融商品を**相場が下落したときには多く買い、上昇したときは少なく買う**ことになり、長期的には価格変動リスクが低減されます。

つみたて投資枠の年間１２０万円の限度額、成長投資枠の年間２４０万円の限度額については、余ったとしても翌年に繰り越すことはできません。例えば、ある年につみたて投資枠において、１００万円の金融商品を購入した場合、残りの20万円（＝１２０万円－１００万円）の枠を翌年に繰り越し、翌年の枠を１４０万円（＝20万円＋１２０万円）とすることはできないのです。そのため、**積極的に貯蓄を行いたい人は、なるべく1年間の枠は使い切るようにしましょう。**ただ、最大でも２つの枠を合わせて１８００万円までが投資の限度となるので、それ以上投資を行いたいという人は、通常の証券口座で金融商品を購入することになります。

また、２０２３（令和５）年以前から旧ＮＩＳＡにて投資を行っていた場合、２０２３年末までに、旧制度のつみたてＮＩＳＡおよび一般ＮＩＳＡの口座において投資した商品は、２０２４年１月以降は新制度のＮＩＳＡの外枠で管理され、２０２３年までの旧ＮＩＳＡ制度における非課税措置が適用されます。つまり、旧制度の**つみたてＮＩＳＡは投資を行った年から20年間、一般ＮＩＳＡは5年間非課税措置を受けることができます。**旧ＮＩＳＡ口座から新ＮＩＳＡ口座へロールオーバー（残高の移行）はできません。

12

親を扶養するメリットと注意点

扶養とは、収入が少ない親族を経済的に養うことを意味します。親族を養うことは、通常は経済的な負担が生じることから、制度上、いくつかの優遇措置が与えられています。大きく分けると、社会保険面での優遇措置、税制面での優遇措置の2つがあります。

社会保険の扶養には、健康保険の扶養と年金の扶養があります。年金の扶養は、いわゆる「**第3号被保険者**」に対してのものです。会社員や公務員（第2号被保険者）の配偶者として扶養されている主婦・主夫が第3号被保険者に該当し、自分で年金保険料を支払わなくても、**扶養されている間は国民年金に加入**していることになり、将来は老齢基礎年金を受け取ることができます。これがいわゆる「**主婦（夫）年金**」です。年金の扶養の対象は配偶者のみなので、独身のおひとりさまについては、年金の扶養は特に考える必要はありません。なお、第3号被保険者制度については、本書執筆時点において廃止が検討されています。つまり、**主婦（夫）年金は将来なくなる**可能性があります。ただし、突然なく

【扶養の種類】

扶養	**社会保険**の扶養	**健康保険**の扶養
		年金の扶養（配偶者のみ）
	税制上の扶養	

なることはなく、段階的に縮小される形になるかと思われます。

一方、**健康保険の扶養は配偶者だけではなく、その他の親族（子や親など）も対象になる**可能性があります。健康保険の扶養に入ることができれば、その親族は健康保険料が免除されます。また、アルバイトなどをしている場合、その勤務先で社会保険の加入義務がなければ、勤務先における健康保険制度に加入する必要はなく、健康保険料の負担もありません。つまり、**健康保険料の負担をせずに、医療費については3割以下の負担で済むことになります。**そこで、おひとりさまについては**親を扶養に入れる**ことが考えられます。これにより、本人の健康保険料の負担が減るわけではありませんが、**親の健康保険料をゼロに**することができ、**親子一体で考えれば、支出は減る**ことになります

図09【健康保険の被扶養者とする要件】

① 被扶養者が75歳未満であること		
② 本人の収入で生活している（生計を一にしている）		
③ 年収（金額面）	60歳未満の場合	130万円未満
	60歳以上または障害厚生年金の受給要件に該当する場合	180万円未満
④ 年収（本人の収入との比較）	同居の場合	本人の年収の半分未満
	別居の場合	本人の仕送り額未満
⑤ 原則、国内に住民票があること		
⑥ 自身が健康保険に加入していないこと		

（親孝行にもなります）。

健康保険の扶養に入れるためには、図09の要件を満たさなければなりません。

①について、**親が75歳以上**となると、健康保険の扶養に入れることはできず、親が自ら後期高齢者医療保険制度に加入し、後期高齢者医療保険料を負担しなければなりません。

②については、基本的に親が子の収入で生活しているといった状況が必要です。

③はいわゆる「130万円の壁」です。**基準額以上の収入**があれば、子の扶養から

外れて、自分で国民健康保険に加入するか、パート・アルバイトをしており、その勤務先の健康保険制度に加入できるのであれば、それに加入するか、いずれかを迫られます。

④については保険者（協会けんぽや健康保険組合など）からチェックされることもあり、例えば協会けんぽの場合、被扶養者（親など）と別居しているケースは、実際に被扶養者へ仕送りを行っていること、被扶養者の収入が仕送り額未満であることなどが1年に1回確認されます。具体的には、親への仕送りに関する振り込みの**証拠**（銀行口座の入出金明細や通帳コピーなど）**の提出**が求められます。

なお、③について、親がパート・アルバイトなどで働いており、その**勤務先の従業員数（厚生年金保険の被保険者数）が51人以上**であれば、**1カ月約8・8万円以上**の給与をもらっている場合、その**勤務先の社会保険制度に加入しなければならない**可能性があります。具体的な基準は、図10の通りです。**月給8・8万円に12カ月を掛けるとだいたい106万円**程度になるため、「**106万円の壁**」といわれています。

よって、勤務先の規模次第では、年収130万円未満だったとしても、**概ね年収106**

図10【社会保険加入の条件】

① 被保険者数	51人以上
② 給与額	所定内賃金が月額8.8万円以上
③ 労働時間	週の所定労働時間が20時間以上
④ 勤務期間	2カ月超働く見込みがある
⑤ その他の条件	学生ではない

万円以上であれば、扶養に入ることはできず、勤務先の社会保険に加入しなければなりません。健康保険と厚生年金はセットなので、勤務先の健康保険だけではなく**厚生年金にも加入する**必要があります。

なお、本書執筆時点では、厚生労働省において106万円の壁の撤廃が検討されており、今後の改正に要注目です。

よって、結局のところは親を扶養に入れられる間は扶養に入れて、親の健康保険料の負担を免除してあげるという形が望ましいということになります。

続いて**税制上の扶養**ですが、こちらは社会保険の扶養と比較すると内容はわかりやすいです。**親を扶養親族として所得税上・住民税上、申告した場合、本人の所得税・住民税において扶養控除を受けられ、税額が安くなる**、つまり節税を行うことができます。

税制上の扶養にするための要件は以下の通りです。

A　親族であること
B　生計を一にしていること
C　合計所得金額が48万円以下であること
D　他の事業者の専従者になっていないこと

Cについて、親がパート・アルバイトをしていて給与をもらっている場合、**年収が103万円以下**であれば要件を満たします。本書執筆時点において、合計所得金額の基準の引き上げが検討されています。

【扶養控除（カッコ内は住民税）】

区分		扶養控除の金額
16歳以上18歳以下 23歳以上69歳以下		38万円（33万円）
19歳以上22歳以下		63万円（45万円）
70歳以上	下記以外	48万円（38万円）
	同居している父母・祖父母など	58万円（45万円）

※年齢はその年の12月31日時点で判断

扶養控除の金額は上図の通りです。

扶養控除の金額に税率を掛けた金額が、本人の節税額となります。特に70歳以上の親と同居している場合、扶養親族として申告することで、大きな節税となる可能性があります。

しかし、社会保険料や税金が節税できるからといって、特に親と同居している場合に、安易に親を扶養に入れると手痛いしっぺ返しを喰らうことになります。

以下、扶養している親と同居する場合に起こり得るデメリットを紹介します。

1. 医療費の負担が増える可能性がある

第一章08節で、高額療養費制度について説明しましたが、負担限度額については、子が同居している場合は**親自身の所得のみではなく、世帯全体の所得**により決まります。

例えば、70歳以上の親が住民税非課税で、年間所得が80万円以下かつひとり暮らしの場合、1カ月の負担限度額は**1万5000円**ですが、年収500万円の子が同居している場合、負担限度額は**8万100円以上**に跳ね上がります。

2. 親の介護保険料が上がる可能性がある

介護保険とは、その加入者に介護が必要と認定された場合、**原則1割の自己負担**で介護サービスを受けることができる公的な制度です。

公的な医療保険同様、介護を社会全体で支えるという考え方があり、介護保険の保険料（介護保険料）は現役世代からも徴収されます。ただし、介護保険の被保険者となり、介護保険料の負担が始まるのは40歳からで、40歳以上65歳未満の人（第2号被保険者）は、健康保険料に上乗せされて勤務先の給与などから天引きされます。

国民健康保険の加入者の場合は、国民健康保険料に介護保険料が上乗せされます。40歳以上65歳未満の人でも、親族の扶養に入っていれば扶養者が負担するため、被扶養者側では負担する必要はありません。

一方で、**65歳以上の人（第1号被保険者）は、介護保険料は原則として年金から天引き**され、一人ひとりが納めることになります。

65歳以上の人の介護保険料の計算方法は、40歳以上65歳未満の人とはまったく異なり、**本人および本人と同じ世帯にいる人の所得状況に応じて決まります**（介護保険料の算定方法は、市区町村によって異なります）。そして、親が住民税を負担している場合は、親の所得のみで介護保険料が計算されますが、住民税非課税（住民税を負担していないこと）であれば、同一世帯の子がいて、その子が住民税を負担していれば、介護保険料が増加する場合があります。

つまり、**親を扶養して同居している場合は、介護保険料が増加する可能性がある**ということです。例えば、横浜市の場合、親が住民税非課税で、年間所得が80万円以下かつ、ひとり暮らしの場合、年間の介護保険料は**1万5880円**ですが、子が同居しており、住民税を負担している場合、年間の介護保険料は**7万1490円**まで跳ね上がります。

3. 介護サービス費用の負担が増える可能性がある

親が介護サービスを受ける際も、負担が増える可能性があります。介護サービス費についても、医療費における高額療養費制度と同様、高額介護サービス費制度があり、1カ月に支払った介護サービス料の自己負担額が一定の限度額を超えた場合、その超えた分の払い戻しを受けることができます。そして、その**負担限度額についても、世帯全体の所得に応じて決まります**。

よって、親と同居している場合は、同居していない場合と比較して負担限度額が上がる可能性があります。つまり、**払い戻しを受けることができなくなったり、少なくなったりする可能性**があります。

例えば、親が住民税非課税で、合計所得金額と年金収入額の合計が80万円以下かつ、ひとり暮らしの場合、1カ月の負担限度額は**1万5000円**ですが、年収500万円の子が同居している場合、1カ月の負担限度額は**4万4400円**となります。

4．介護施設における食費や居住費の負担が増える可能性がある

親が特別養護老人ホーム（特養）や介護老人保健施設（老健）などの**介護施設に入居した際の、食費や居住費にも影響**を与える場合があります。というのも、介護施設における食費や居住費は原則全額自己負担ですが、**所得や預貯金の額が一定以下の人については、負担限度額が定められている**からです。

例えば、単身の親が住民税非課税で、年金収入額とその他の所得金額の合計が80万円以下、かつ保有している預貯金額が650万円以下の場合、特養における食費の負担限度額は1カ月あたり約1・2万円、居住費（従来型個室）の負担限度額は1カ月あたり約1・4万円ですが、親と同一世帯で本人が住民税を負担している場合は、食費が1カ月あたり約4・3万円、居住費（従来型個室）が1カ月あたり約3・7万円の負担となることがあります（厚労省が定める目安の金額（基準費用額）が適用された場合）。

以上の1から4のデメリットは、親と同居した場合のデメリットなので、別居の場合は関係ありません。

また、ここでいう同居とは同一世帯であることを意味するもので、**同居していたとしても、世帯を分けてしまえばデメリットを回避できる可能性もあります。**

ちなみに世帯を分けることを「**世帯分離**」といいます。世帯分離の手続きは、住んでいる自治体の窓口に申請することにより行います。

本来、世帯分離は、生計を別にしているといった状況を踏まえて認められるものであり、介護関連費用の負担軽減などの目的では認められないこともあるので要注意です。

以上より、**親が健康で介護も必要ない場合は、扶養に入れるメリットは大きい**といえます。ただし繰り返しになりますが、**親が75歳以上だと、健康保険における扶養に入れることはできません。**

親を扶養に入れる際は、同居するかどうかも含めて総合的に判断するようにしましょう。

13

国民年金基金はもらえる年金が確定している

国民年金（老齢基礎年金）の上乗せとして、自営業やフリーランスの人のための、公的な年金制度として、「**国民年金基金**」があります。老齢基礎年金は、**満額でも**年間81万6000円（月6万8000円）しかもらうことができず、これだけでは、通常老後の生活を送るには不十分でしょう。会社員や公務員の場合は、老齢基礎年金の上乗せとして、年金の2階部分である**厚生年金（老齢厚生年金）**の制度がありますが、自営業やフリーランスの人は何も対策をしなければ、1階部分の老齢基礎年金しかもらえません。そこで、国民年金基金の制度が用意されています。名称は「**国民年金**」と似ていますが、まったく異なる制度です。国民年金基金は、任意の制度であり、**加入するかしないかは個人の自由**です。

国民年金基金は、毎月掛金を拠出することにより、将来年金（老齢年金）を受け取ることができます。年金は**終身年金**（一生涯受け取ることができる年金）が基本で、選択するタイプによっては、**年金受給前または保証期間中に本人が死亡した場合、遺族に一時金が**

【年金制度比較】

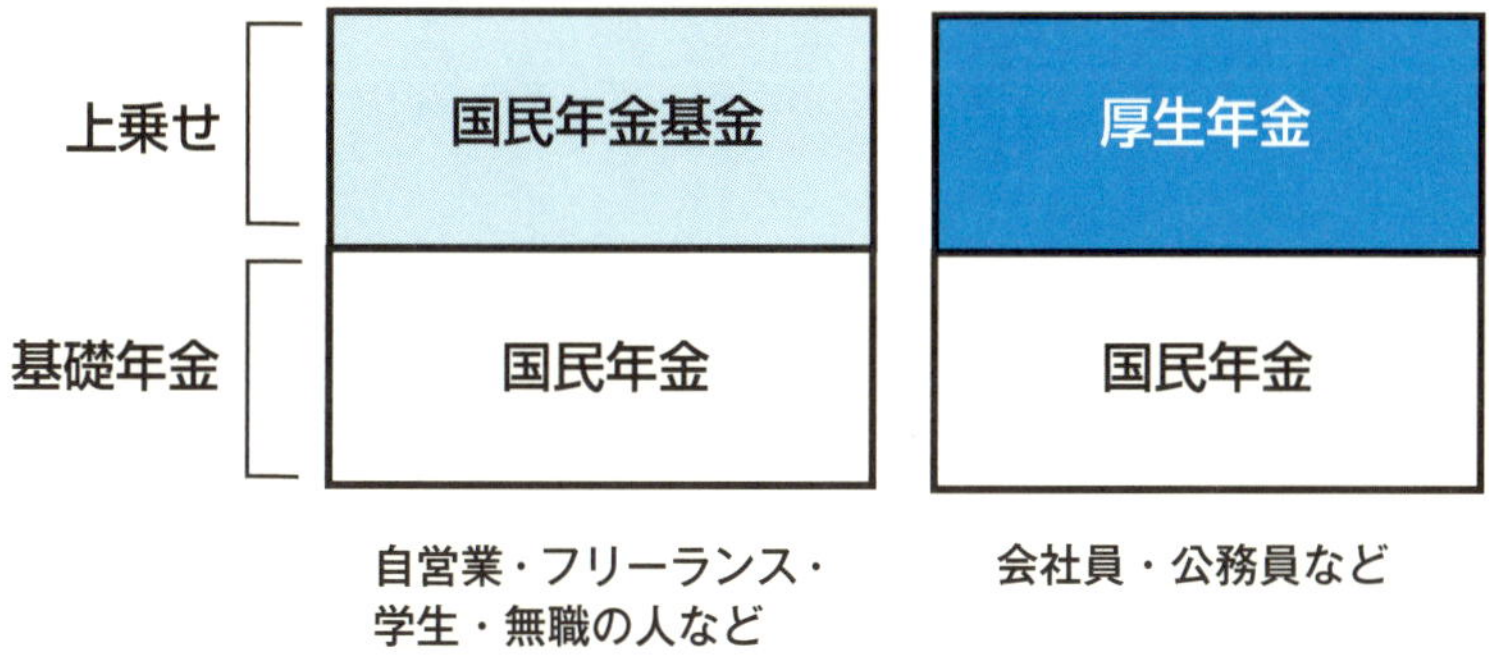

支給されます。将来受け取ることができる年金額は確定しており、ｉＤｅＣｏのように運用結果次第で、**年金額が少なるリスクはありません**。

国民年金基金に加入できるのは以下の人です。

- 日本国内に住んでいる20歳以上60歳未満の自営業者やフリーランスとその家族、学生などの国民年金の第1号被保険者
- 60歳以上65歳未満の人や、海外に住んでいて国民年金に任意加入している人

よって、厚生年金に加入している会社員や公務員など（国民年金の第2号被保険者）や、厚生年金に加入している人の被扶養配偶者の人（国民年金の第3号被保険者）は、加入できません。

国民年金基金には、終身年金のA型・B型、確定年金（受取期間が決まっている年金）のⅠ型・Ⅱ型・Ⅲ型・Ⅳ型・Ⅴ型の7種類があります。

加入する口数と毎月の掛金によって、将来の年金が決まってくる形で、**1口目は、終身年金のA型、B型のいずれかを選択**します。上乗せとしての**2口目以降は、A型、B型のほか、Ⅰ型、Ⅱ型、Ⅲ型、Ⅳ型、Ⅴ型の選択**が可能です。例えば、「1口目はB型、2口目はA型に2口、Ⅲ型に1口」といった形で、2口目以降は自由に選択できます。ただし、**掛金月額合計は、6万8000円以内**でなければなりません。

無数に組み合わせがあり、迷ってしまいますが、月額の掛金予算と、終身年金としてもらいたいか、確定年金としてもらいたいか、いくら年金をもらいたいか、万が一自分が死亡した場合に遺族へ一時金が支払われる保証期間を何年にしたいか、などを考慮して決めましょう。

国民年金基金のサイト上でも、予算や年金額などを入れることにより、適切なプランを提案してくれる「**かんたんプラン検索**」のページが用意されています。掛金については、途中で増額させることも、減額させることもでき、支払いが厳しくなれば一時停止もできます。

【国民年金基金のタイプ】

	タイプ		年金支給	保証期間
1口目	終身年金	A型	65歳〜一生涯	15年間
		B型	65歳〜一生涯	なし
2口目以降	終身年金	A型	65歳〜一生涯	15年間
		B型	65歳〜一生涯	なし
	確定年金	Ⅰ型	65歳〜80歳	15年間
		Ⅱ型	65歳〜75歳	10年間
		Ⅲ型	60歳〜75歳	15年間
		Ⅳ型	60歳〜70歳	10年間
		Ⅴ型	60歳〜65歳	5年間

【年金月額（1口目）】

加入時の年齢	1口目の年金月額		
～35歳	基本額	2万円	＋加算額（※）
～45歳		1.5万円	
～50歳		1万円	
50歳～	加入月数によって異なる		

【年金月額（2口目以降）】

加入時の年齢	2口目以降の1口当たり年金月額		
～35歳	基本額	1万円	＋加算額（※）
～50歳		5000円	
50歳～	加入月数によって異なる		

※誕生月以外に加入した場合に、次年齢に到達するまでの月数に応じて上乗せされる。加入時年齢が50歳以上の場合は、加算額はない。

将来受け取ることができる年金額は、**「基本額」に「加算額」を足した金額**です。加算額は、誕生月以外に加入した場合に、次年齢に到達するまでの月数に応じて上乗せされるもので、これは誕生月を気にせずに加入できるようにした調整分です。

年金額を自力で計算するのは困難であるため、国民年金基金のサイト上の「年金額シミュレーション」で確認してみて下さい。

保証期間のある終身年金のA型と、確定年金のⅠ型、Ⅱ型、Ⅲ型、

Ⅳ型、Ⅴ型に加入している人が年金を受け取る前に死亡した場合には、**加入時年齢と死亡時年齢及び死亡時までの掛金納付期間に応じた額の一時金**が遺族に支払われ、**保証期間中に死亡した場合、残りの保証期間に応じた額の一時金**が遺族に支払われます。保証期間のない終身年金であるB型のみに加入している場合でも、年金を受給する前に死亡した場合は、1万円の一時金が遺族に支払われます。これらの**遺族一時金は全額非課税**です。

国民年金基金の大きなメリットとしては、掛金について、全額所得控除を受けることができます。よって、「**年間の掛金総額 × 税率**」分の節税を行えます。さらに、国民年金基金の掛金の所得控除は、**社会保険料控除**であり、**生計を一にする親族が負担すべき掛金を負担した場合、その分も所得控除を受けることができます**。これは、**iDeCoにはない利点**です（iDeCoは小規模企業共済等掛金控除であり、本人分しか所得控除を受けることができません）。

年金については、「**公的年金等に係る雑所得**」となり、第一章06節で見た通り、**一定金額をその所得から控除**することができます（**公的年金等控除額**といいます）。

図11【国民年金基金とiDeCoの比較】

	国民年金基金	iDeCo
掛金	加入時の年齢やプランによる	月額5,000円以上 1,000円単位
掛金の税制	全額社会保険料控除	全額小規模企業共済等掛金控除
給付方法	年金	一時金または年金
年金受取開始時期	原則65歳 （プランによっては60歳）	60歳〜75歳 （加入期間によって異なる）
種類	確定給付年金 （年金額は一定であり、掛金を自分で運用する必要はない）	確定拠出年金 （掛金を自分で運用する必要があり、運用次第で給付額が変動）

国民年金基金は、よくiDeCoと比較されますが、相違点は図11の通りです。

国民年金基金とiDeCoは、どちらかが絶対的に優れている、ということはありませんので、あなたのリスク許容度などに応じて選択するようにしましょう。両者は、**毎月の掛金の合計が6万8000円を超えない範囲で併用することもできます。**

メリットの多い国民年金基金ですが、以下のデメリットもあります。

①国民年金基金は、一度加入すると、途中で任意で脱退することができませ

ん。中途解約という概念がないことから、解約返戻金を受け取る仕組みもありません。資金的に継続が難しければ、掛金の減額や一時停止を行うしかありません。

③物価スライドの仕組みがないことから、インフレリスクに対応できません。

②年金額が確定しており、運用リスクがないことの裏返しですが、運用利回り次第で受給額が増えることはありません。国民年金基金の予定利率は、現在1・5％であり、この利率より有利な投資機会があれば、機会損失が発生する可能性があります。

なお、歯科医師、司法書士及び弁護士にはそれぞれ職能型国民年金基金が存在し、それらの職種の人は、それぞれの国民年金基金に加入することになります。職能型国民年金基金と、通常の国民年金基金の制度の内容は同じです。

国民年金基金は、公的な制度であり信頼できること、節税のメリットもあることから検討には値しますが、**自分で資産運用を行って貯蓄できる人は、その分のお金を投資に回した方が良いでしょう。**よって、資産運用が苦手な人、資産運用が嫌いな人に向いている制度と言えます。

14

年金を早めにもらったり、遅めにもらうとどうなる？

老齢年金（老齢基礎年金、老齢厚生年金）**は、原則として65歳から受け取れます**。ただし、年金を早くもらいたい人は**最大60歳**まで、１カ月単位で繰り上げて（前倒しで）受け取ることができます。

反対に、**最大75歳**まで（１９５２（昭和27）年４月１日以前に生まれた人は70歳まで）、１カ月単位で繰り下げて（後ろ倒しで）受け取ることもできます。

当然、繰り上げ受給は早くもらえる分、毎月の年金額は減額されます。一方、繰り下げ受給は、毎月の年金額が増額されます。

繰り上げ受給は、様々な理由から年金を早く受け取りたい人のニーズに応えるもので、繰り下げ受給は、老後もしばらく働き続けるため、年金はもらえなくても問題ないという人や、繰り下げることにより年金を増やしたい人のニーズに応えるものといえます。

では、**繰り上げ受給と繰り下げ受給はどちらが得**なのでしょうか？

答えは、**何歳まで生きるか**（ほとんどの人は正確に予想するのは難しいですが……）、**生活スタイル**（遊んで暮らしたいか、質素な生活を望むかなど）、**貯蓄はいくらあるか**などによって、個々人で異なります。繰り上げ受給と繰り下げ受給の制度を理解して、メリット・デメリットを把握しましょう。

まず、年金を通常よりも早くもらう**繰り上げ受給ですが、早くもらえる分、年金が減額されてしまいます**。具体的には1962（昭和37）年4月1日以前に生まれた人は1カ月あたり**0・4％の減額**、1962（昭和37）年4月2日以降に生まれた人は1カ月あたり**0・5％の減額**となります。よって、それぞれ**1年あたり4・8％（＝0・4％×12カ月）**、**6・0％（＝0・5％×12カ月）**の減額となります。減額率は図12の通りです。例えば、1962年4月2日以降に生まれた人で、65歳から年額60万円（月額5万円）の年金を受け取れる人が、60歳0カ月へ繰り上げる場合、減額率は24％（＝0・4％×60カ月）となり、76％の受け取りとなることから、年金額は45・6万円（月額3・8万円）となります。

なお、**繰り上げ請求した場合は、国民年金に任意加入することができなくなります。国民年金保険料の免除や納付の猶予を受けた期間の追納もできなくなります。**

また、老齢基礎年金と老齢厚生年金は、セットで同時に繰り上げることになります。後

公益財団法人生命保険文化センターホームページより作図

6カ月	7カ月	8カ月	9カ月	10カ月	11カ月
21.6 (27.0)	21.2 (26.5)	20.8 (26.0)	20.4 (25.5)	20.0 (25.0)	19.6 (24.5)
16.8 (21.0)	16.4 (20.5)	16.0 (20.0)	15.6 (19.5)	15.2 (19.0)	14.8 (18.5)
12.0 (15.0)	11.6 (14.5)	11.2 (14.0)	10.8 (13.5)	10.4 (13.0)	10.0 (12.5)
7.2 (9.0)	6.8 (8.5)	6.4 (8.0)	6.0 (7.5)	5.6 (7.0)	5.2 (6.5)
2.4 (3.0)	2.0 (2.5)	1.6 (2.0)	1.2 (1.5)	0.8 (1.0)	0.4 (0.5)

（単位：%）

述の繰り下げの場合と異なるので要注意です。さらに、**加給年金**（配偶者や子どもがいるときに、一定の条件を満たすと加算される上乗せ分）や**振替加算**（加給年金の対象者になっている配偶者が65歳になり、配偶者が老齢基礎年金を受け取れる場合に加算される上乗せ分）は、**繰り上げの対象外**です。

一方で、**繰り下げて受給する場合は、年金額が増額**となります。

増額率は、**1カ月あたり0・7％**であり、1952（昭和27）年4月2日以降生まれの人は75歳まで、1952（昭和27）年4月1日以前生まれの人は70歳まで繰り下

図12【1962（昭和37）年4月2日以降生まれの人（0.4%減額）】
カッコ内の数字は1962（昭和37）年4月1日以前生まれの人（0.5%減額）

請求額の年齢	0カ月	1カ月	2カ月	3カ月	4カ月	5カ月
60歳	24.0 (30.0)	23.6 (29.5)	23.2 (29.0)	22.8 (28.5)	22.4 (28.0)	22.0 (27.5)
61歳	19.2 (24.0)	18.8 (23.5)	18.4 (23.0)	18.0 (22.5)	17.6 (22.0)	17.2 (21.5)
62歳	14.4 (18.0)	14.0 (17.5)	13.6 (17.0)	13.2 (16.5)	12.8 (16.0)	12.4 (15.5)
63歳	9.6 (12.0)	9.2 (11.5)	8.8 (11.0)	8.4 (10.5)	8.0 (10.0)	7.6 (9.5)
64歳	4.8 (6.0)	4.4 (5.5)	4.0 (5.0)	3.6 (4.5)	3.2 (4.0)	2.8 (3.5)

げることができます。1年あたり8・4％（＝0・7％×12カ月）の増額となります。

増額率は図13の通りです。例えば、1952（昭和27）年4月2日以降生まれの人で、65歳から年額60万円（月額5万円）の年金を受け取れる人が、75歳0カ月へ繰り下げる場合、増額率は84％（＝0・7％×120カ月）となり、184％の受取りとなることから、年金額は110・4万円（月額9・2万円）となります。

老齢厚生年金、老齢基礎年金を同時に繰り下げたり、一方だけの繰り下げや、

公益財団法人生命保険文化センターホームページより作図

6カ月	7カ月	8カ月	9カ月	10カ月	11カ月
12.6	13.3	14.0	14.7	15.4	16.1
21.0	21.7	22.4	23.1	23.8	24.5
29.4	30.1	30.8	31.5	32.2	32.9
37.8	38.5	39.2	39.9	40.6	41.3
46.2	46.9	47.6	48.3	49.0	49.7
54.6	55.3	56.0	56.7	57.4	58.1
63.0	63.7	64.4	65.1	65.8	66.5
71.4	72.1	72.8	73.5	74.2	74.9
79.8	80.5	81.2	81.9	82.6	83.3

（単位：％）

別々に繰り下げることも可能です。

なお、**加給年金や振替加算についても繰り下げの対象となりますが、増額はされません。**

繰り上げ、繰り下げに共通することとしては、**後になって取消しや修正はできず、一度決まった減額率、増額率による年金が継続**します。だからこそ慎重に判断するようにしましょう。また、老齢基礎年金とともに付加年金（月額400円の付加保険料を納めると「200円×その納めた月数」を受け取れる）を受け取れる場合、**付加年金も同じ率で減額または増額されます。**

図13【1952（昭和27）年4月2日以降生まれの人（0.7%増額）】

手続きの年齢	0カ月	1カ月	2カ月	3カ月	4カ月	5カ月
66歳	8.4	9.1	9.8	10.5	11.2	11.9
67歳	16.8	17.5	18.2	18.9	19.6	20.3
68歳	25.2	25.9	26.6	27.3	28.0	28.7
69歳	33.6	34.3	35.0	35.7	36.4	37.1
70歳	42.0	42.7	43.4	44.1	44.8	45.5
71歳	50.4	51.1	51.8	52.5	53.2	53.9
72歳	58.8	59.5	60.2	60.9	61.6	62.3
73歳	67.2	67.9	68.6	69.3	70.0	70.7
74歳	75.6	76.3	77.0	77.7	78.4	79.1
75歳	84.0					

なお、男性で1941（昭和16）年4月2日から1961（昭和36）年4月1日以前生まれの人、女性で1946（昭和21）年4月2日から1966（昭和41）年4月1日以前生まれの人は、1985（昭和60）年の法改正により、老齢厚生年金の支給開始年齢が60歳から65歳に引き上げられた際の緩和措置として、例外的に65歳よりも早く老齢厚生年金を受給できます（「**特別支給の老齢厚生年金**」といいます）。

特別支給の老齢厚生年金は、繰り上げ受給には該当しません。また、繰り下げることもできません。

15

年金は何歳からもらうとお得？

年金は何歳からもらうと一番お得なのか？　これは多くの人が抱いている疑問ではないでしょうか。前節で述べた通り、老齢基礎年金・老齢厚生年金は、原則として65歳から受け取ることができ、繰り上げ受給・繰り下げ受給が可能です。繰り上げ受給の場合は、早く受け取ることができるものの、年金は減額されます。繰り下げ受給の場合は、受け取りを後ろ倒しにする代わりに、年金が増額となります。よって、もし自分が何歳まで生きるか正確にわかるのであれば、何歳から年金をもらえばもっともお得なのかが、おのずとわかります。ただ、自分の寿命を正確に把握することは困難です。まずは**平均寿命をもとに、お得な年金受給開始年齢を計算**してみましょう。なお、後述しますが、年金の受け取り開始時期は、金銭的な有利・不利のみで考えずに、その他の要因も合わせて考えるべきであることも、忘れてはいけません。

厚生労働省の「簡易生命表（令和5年）」によれば、**2023（令和5）年の日本人の**

平均寿命は、男性が81・09歳、女性が87・14歳です。年金額についても、平均の値を使用し男女のシミュレーションをしていきます。

まずは男性ですが、厚生労働省が公表している「令和4年度厚生年金保険・国民年金事業の概況」によれば、**老齢厚生年金の受給者の年金額平均（月額）は、16万3875円**となっています。そこで、1962（昭和37）年4月2日以降生まれの男性が平均寿命である81歳まで生きることを前提に、年金額（月額）を16・4万円とし、何歳から年金をもらえばもっともお得であるかを計算してみましょう。図14の通り、**81歳まで生きると仮定した場合は、68歳まで受給を繰り下げるのがもっともお得**ということになります。通常通り、65歳から受給を開始した場合は、もらえる年金の累計額は、**3345・6万円**であるのに対し、68歳から受給を開始した場合は、もらえる年金の累計額は、**3449・5万円**です。他のどの年齢での受給開始よりも多い金額となっています。

死亡年齢が79歳までは繰り上げ受給がお得となり、80歳以降で逆転し、繰り下げ受給がお得になることもわかります。細かく言えば、月単位で繰り上げ・繰り下げができるので、厳密にはもう少し細かい検証もできますが、月単位にしてしまうと、非常にデータが細かくなってしまうので、ここでは年単位の繰り上げ・繰り下げを前提としています。

図14

【1962（昭和37）年4月2日以降生まれ／月額の年金額16.4万円の男性の受給開始年齢と年金累計額】

※太文字・下線はその年齢の最高年金累計額

	受給開始年齢	60歳	61歳	62歳	63歳	64歳	65歳	66歳	67歳	68歳	69歳	70歳	71歳	72歳	73歳	74歳	75歳
		繰り上げ					通常	繰り下げ									
	受給率	0.76	0.808	0.856	0.904	0.952	1	1.084	1.168	1.252	1.336	1.42	1.504	1.588	1.672	1.756	1.84
	年金月額(万円)	12.5	13.3	14.0	14.8	15.6	16.4	17.8	19.2	20.5	21.9	23.3	24.7	26.0	27.4	28.8	30.2
	年金年額(万円)	149.6	159.0	168.5	177.9	187.4	196.8	213.3	229.9	246.4	262.9	279.5	296.0	312.5	329.0	345.6	362.1
各年齢での年金累計額（万円）	60歳	**149.6**	0.0	0.0	0.0	0.0	0.0	0.0	0.0	0.0	0.0	0.0	0.0	0.0	0.0	0.0	0.0
	61歳	**299.1**	159.0	0.0	0.0	0.0	0.0	0.0	0.0	0.0	0.0	0.0	0.0	0.0	0.0	0.0	0.0
	62歳	**448.7**	318.0	168.5	0.0	0.0	0.0	0.0	0.0	0.0	0.0	0.0	0.0	0.0	0.0	0.0	0.0
	63歳	**598.3**	477.0	336.9	177.9	0.0	0.0	0.0	0.0	0.0	0.0	0.0	0.0	0.0	0.0	0.0	0.0
	64歳	**747.8**	636.1	505.4	355.8	187.4	0.0	0.0	0.0	0.0	0.0	0.0	0.0	0.0	0.0	0.0	0.0
	65歳	**897.4**	795.1	673.8	533.7	374.7	196.8	0.0	0.0	0.0	0.0	0.0	0.0	0.0	0.0	0.0	0.0
	66歳	**1,047.0**	954.1	842.3	711.6	562.1	393.6	213.3	0.0	0.0	0.0	0.0	0.0	0.0	0.0	0.0	0.0
	67歳	**1,196.5**	1,113.1	1,010.8	889.5	749.4	590.4	426.7	229.9	0.0	0.0	0.0	0.0	0.0	0.0	0.0	0.0
	68歳	**1,346.1**	1,272.1	1,179.2	1,067.4	936.8	787.2	640.0	459.7	246.4	0.0	0.0	0.0	0.0	0.0	0.0	0.0
	69歳	**1,495.7**	1,431.1	1,347.7	1,245.4	1,124.1	984.0	853.3	689.6	492.8	262.9	0.0	0.0	0.0	0.0	0.0	0.0
	70歳	**1,645.2**	1,590.1	1,516.1	1,423.3	1,311.5	1,180.8	1,066.7	919.4	739.2	525.8	279.5	0.0	0.0	0.0	0.0	0.0
	71歳	**1,794.8**	1,749.2	1,684.6	1,601.2	1,498.8	1,377.6	1,280.0	1,149.3	985.6	788.8	558.9	296.0	0.0	0.0	0.0	0.0
	72歳	**1,944.4**	1,908.2	1,853.1	1,779.1	1,686.2	1,574.4	1,493.3	1,379.2	1,232.0	1,051.7	838.4	592.0	312.5	0.0	0.0	0.0
	73歳	**2,094.0**	2,067.2	2,021.5	1,957.0	1,873.5	1,771.2	1,706.6	1,609.0	1,478.4	1,314.6	1,117.8	888.0	625.0	329.0	0.0	0.0
	74歳	**2,243.5**	2,226.2	2,190.0	2,134.9	2,060.9	1,968.0	1,920.0	1,838.9	1,724.8	1,577.5	1,397.3	1,183.9	937.6	658.1	345.6	0.0
	75歳	**2,393.1**	2,385.2	2,358.5	2,312.8	2,248.2	2,164.8	2,133.3	2,068.8	1,971.1	1,840.5	1,676.7	1,479.9	1,250.1	987.1	691.2	362.1
	76歳	2,542.7	**2,544.2**	2,526.9	2,490.7	2,435.6	2,361.6	2,346.6	2,298.6	2,217.5	2,103.4	1,956.2	1,775.9	1,562.6	1,316.2	1,036.7	724.2
	77歳	2,692.2	**2,703.2**	2,695.4	2,668.6	2,623.0	2,558.4	2,560.0	2,528.5	2,463.9	2,366.3	2,235.6	2,071.9	1,875.1	1,645.2	1,382.3	1,086.3
	78歳	2,841.8	2,862.3	**2,863.8**	2,846.5	2,810.3	2,755.2	2,773.3	2,758.3	2,710.3	2,629.2	2,515.1	2,367.9	2,187.6	1,974.3	1,727.9	1,448.4
	79歳	2,991.4	3,021.3	**3,032.3**	3,024.4	2,997.7	2,952.0	2,986.6	2,988.2	2,956.7	2,892.2	2,794.6	2,663.9	2,500.1	2,303.3	2,073.5	1,810.6
	80歳	3,140.9	3,180.3	3,200.8	3,202.3	3,185.0	3,148.8	3,200.0	**3,218.1**	3,203.1	3,155.1	3,074.0	2,959.9	2,812.7	2,632.4	2,419.1	2,172.7
	81歳	3,290.5	3,339.3	3,369.2	3,380.2	3,372.4	3,345.6	3,413.3	3,447.9	**3,449.5**	3,418.0	3,353.5	3,255.9	3,125.2	2,961.4	2,764.6	2,534.8
	82歳	3,440.1	3,498.3	3,537.7	3,558.1	3,559.7	3,542.4	3,626.6	3,677.8	**3,695.9**	3,680.9	3,632.9	3,551.8	3,437.7	3,290.5	3,110.2	2,896.9
	83歳	3,589.6	3,657.3	3,706.1	3,736.1	3,747.1	3,739.2	3,840.0	3,907.7	3,942.3	**3,943.9**	3,912.4	3,847.8	3,750.2	3,619.5	3,455.8	3,259.0
	84歳	3,739.2	3,816.3	3,874.6	3,914.0	3,934.4	3,936.0	4,053.3	4,137.5	4,188.7	**4,206.8**	4,191.8	4,143.8	4,062.7	3,948.6	3,801.4	3,621.1
	85歳	3,888.8	3,975.4	4,043.1	4,091.9	4,121.8	4,132.8	4,266.6	4,367.4	4,435.1	4,469.7	**4,471.3**	4,439.8	4,375.3	4,277.6	4,147.0	3,983.2
	86歳	4,038.3	4,134.4	4,211.5	4,269.8	4,309.1	4,329.6	4,480.0	4,597.2	4,681.5	4,732.6	**4,750.8**	4,735.8	4,687.8	4,606.7	4,492.6	4,345.3
	87歳	4,187.9	4,293.4	4,380.0	4,447.7	4,496.5	4,526.4	4,693.3	4,827.1	4,927.9	4,995.6	5,030.2	**5,031.8**	5,000.3	4,935.7	4,838.1	4,707.5
	88歳	4,337.5	4,452.4	4,548.4	4,625.6	4,683.8	4,723.2	4,906.6	5,057.0	5,174.3	5,258.5	5,309.7	**5,327.8**	5,312.8	5,264.8	5,183.7	5,069.6
	89歳	4,487.0	4,611.4	4,716.9	4,803.5	4,871.2	4,920.0	5,119.9	5,286.8	5,420.7	5,521.4	5,589.1	5,623.8	**5,625.3**	5,593.8	5,529.3	5,431.7
	90歳	4,636.6	4,770.4	4,885.4	4,981.4	5,058.5	5,116.8	5,333.3	5,516.7	5,667.1	5,784.3	5,868.6	5,919.7	**5,937.8**	5,922.9	5,874.9	5,793.8
	91歳	4,786.2	4,929.4	5,053.8	5,159.3	5,245.9	5,313.6	5,546.6	5,746.6	5,913.4	6,047.3	6,148.0	6,215.7	6,250.4	**6,251.9**	6,220.5	6,155.9
	92歳	4,935.7	5,088.5	5,222.3	5,337.2	5,433.3	5,510.4	5,759.9	5,976.4	6,159.8	6,310.2	6,427.5	6,511.7	6,562.9	**6,581.0**	6,566.0	6,518.0
	93歳	5,085.3	5,247.5	5,390.7	5,515.1	5,620.6	5,707.2	5,973.3	6,206.3	6,406.2	6,573.1	6,706.9	6,807.7	6,875.4	6,910.0	**6,911.6**	6,880.1
	94歳	5,234.9	5,406.5	5,559.2	5,693.0	5,808.0	5,904.0	6,186.6	6,436.1	6,652.6	6,836.0	6,986.4	7,103.7	7,187.9	7,239.1	**7,257.2**	7,242.2
	95歳	5,384.4	5,565.5	5,727.7	5,870.9	5,995.3	6,100.8	6,399.9	6,666.0	6,899.0	7,099.0	7,265.9	7,399.7	7,500.4	7,568.1	7,602.8	**7,604.4**
	96歳	5,534.0	5,724.5	5,896.1	6,048.8	6,182.7	6,297.6	6,613.3	6,895.9	7,145.4	7,361.9	7,545.3	7,695.7	7,813.0	7,897.2	7,948.4	**7,966.5**

続いて女性ですが、前述の厚生労働省の公表資料によれば、**老齢厚生年金の受給者の年金額平均（月額）は、10万4878円**となっています。そこで、1962（昭和37）年4月2日以降生まれの女性が平均寿命である87歳まで生きることを前提に、年金額（月額）を10・5万円とし、何歳から年金をもらえばもっともお得か計算してみましょう。図15の通り、**87歳まで生きると仮定した場合は、71歳まで受給を繰り下げるのがもっともお得**ということになります。通常通り、65歳から受給を開始した場合は、もらえる年金の累計額は、**2898・0万円**であるのに対し、71歳から受給を開始した場合は、もらえる年金の累計額は、**3221・6万円**です。他のどの年齢での受給開始よりも多い金額となっています。

結果としては、**男性のシミュレーション同様、死亡年齢が79歳までは繰り上げ受給がお得になり、80歳以降で逆転し、繰り下げ受給がお得**になります。

また、当然ですが、繰り上げると年金が減額され、繰り下げると増額されるため、長く生きれば生きるほど、後に繰り下げた方がお得ということになります。

以上は、年金の額面のみによるシミュレーションでしたが、第一章で説明した通り、年金も一定額を超えると税金がかかってきます。しかも65歳未満か65歳以上かで税額が大き

図15

【1962（昭和37）年4月2日以降生まれ／月額の年金額10.5万円の女性の受給開始年齢と年金累計額】

※太文字・下線はその年齢の最高年金累計額

	受給開始年齢	60歳	61歳	62歳	63歳	64歳	65歳	66歳	67歳	68歳	69歳	70歳	71歳	72歳	73歳	74歳	75歳
		繰り上げ					通常	繰り下げ									
	受給率	0.76	0.808	0.856	0.904	0.952	1	1.084	1.168	1.252	1.336	1.42	1.504	1.588	1.672	1.756	1.84
	年金月額(万円)	8.0	8.5	9.0	9.5	10.0	10.5	11.4	12.3	13.1	14.0	14.9	15.8	16.7	17.6	18.4	19.3
	年金年額(万円)	95.8	101.8	107.9	113.9	120.0	126.0	136.6	147.2	157.8	168.3	178.9	189.5	200.1	210.7	221.3	231.8
各年齢での年金累計額（万円）	60歳	**95.8**	0.0	0.0	0.0	0.0	0.0	0.0	0.0	0.0	0.0	0.0	0.0	0.0	0.0	0.0	0.0
	61歳	**191.5**	101.8	0.0	0.0	0.0	0.0	0.0	0.0	0.0	0.0	0.0	0.0	0.0	0.0	0.0	0.0
	62歳	**287.3**	203.6	107.9	0.0	0.0	0.0	0.0	0.0	0.0	0.0	0.0	0.0	0.0	0.0	0.0	0.0
	63歳	**383.0**	305.4	215.7	113.9	0.0	0.0	0.0	0.0	0.0	0.0	0.0	0.0	0.0	0.0	0.0	0.0
	64歳	**478.8**	407.2	323.6	227.8	120.0	0.0	0.0	0.0	0.0	0.0	0.0	0.0	0.0	0.0	0.0	0.0
	65歳	**574.6**	509.0	431.4	341.7	239.9	126.0	0.0	0.0	0.0	0.0	0.0	0.0	0.0	0.0	0.0	0.0
	66歳	**670.3**	610.8	539.3	455.6	359.9	252.0	136.6	0.0	0.0	0.0	0.0	0.0	0.0	0.0	0.0	0.0
	67歳	**766.1**	712.7	647.1	569.5	479.8	378.0	273.2	147.2	0.0	0.0	0.0	0.0	0.0	0.0	0.0	0.0
	68歳	**861.8**	814.5	755.0	683.4	599.8	504.0	409.8	294.3	157.8	0.0	0.0	0.0	0.0	0.0	0.0	0.0
	69歳	**957.6**	916.3	862.8	797.3	719.7	630.0	546.3	441.5	315.5	168.3	0.0	0.0	0.0	0.0	0.0	0.0
	70歳	**1,053.4**	1,018.1	970.7	911.2	839.7	756.0	682.9	588.7	473.3	336.7	178.9	0.0	0.0	0.0	0.0	0.0
	71歳	**1,149.1**	1,119.9	1,078.6	1,025.1	959.6	882.0	819.5	735.8	631.0	505.0	357.8	189.5	0.0	0.0	0.0	0.0
	72歳	**1,244.9**	1,221.7	1,186.4	1,139.0	1,079.6	1,008.0	956.1	883.0	788.8	673.3	536.8	379.0	200.1	0.0	0.0	0.0
	73歳	**1,340.6**	1,323.5	1,294.3	1,252.9	1,199.5	1,134.0	1,092.7	1,030.2	946.5	841.7	715.7	568.5	400.2	210.7	0.0	0.0
	74歳	**1,436.4**	1,425.3	1,402.1	1,366.8	1,319.5	1,260.0	1,229.3	1,177.3	1,104.3	1,010.0	894.6	758.0	600.3	421.3	221.3	0.0
	75歳	**1,532.2**	1,527.1	1,510.0	1,480.8	1,439.4	1,386.0	1,365.8	1,324.5	1,262.0	1,178.4	1,073.5	947.5	800.4	632.0	442.5	231.8
	76歳	1,627.9	**1,628.9**	1,617.8	1,594.7	1,559.4	1,512.0	1,502.4	1,471.7	1,419.8	1,346.7	1,252.4	1,137.0	1,000.4	842.7	663.8	463.7
	77歳	1,723.7	**1,730.7**	1,725.7	1,708.6	1,679.3	1,638.0	1,639.0	1,618.8	1,577.5	1,515.0	1,431.4	1,326.5	1,200.5	1,053.4	885.0	695.5
	78歳	1,819.4	1,832.5	**1,833.6**	1,822.5	1,799.3	1,764.0	1,775.6	1,766.0	1,735.3	1,683.4	1,610.3	1,516.0	1,400.6	1,264.0	1,106.3	927.4
	79歳	1,915.2	1,934.4	**1,941.4**	1,936.4	1,919.2	1,890.0	1,912.2	1,913.2	1,893.0	1,851.7	1,789.2	1,705.5	1,600.7	1,474.7	1,327.5	1,159.2
	80歳	2,011.0	2,036.2	2,049.3	2,050.3	2,039.2	2,016.0	2,048.8	**2,060.4**	2,050.8	2,020.0	1,968.1	1,895.0	1,800.8	1,685.4	1,548.8	1,391.0
	81歳	2,106.7	2,138.0	2,157.1	2,164.2	2,159.1	2,142.0	2,185.3	2,207.5	**2,208.5**	2,188.4	2,147.0	2,084.5	2,000.9	1,896.0	1,770.0	1,622.9
	82歳	2,202.5	2,239.8	2,265.0	2,278.1	2,279.1	2,268.0	2,321.9	2,354.7	**2,366.3**	2,356.7	2,326.0	2,274.0	2,201.0	2,106.7	1,991.3	1,854.7
	83歳	2,298.2	2,341.6	2,372.8	2,392.0	2,399.0	2,394.0	2,458.5	2,501.9	2,524.0	**2,525.0**	2,504.9	2,463.6	2,401.1	2,317.4	2,212.6	2,086.6
	84歳	2,394.0	2,443.4	2,480.7	2,505.9	2,519.0	2,520.0	2,595.1	2,649.0	2,681.8	**2,693.4**	2,683.8	2,653.1	2,601.1	2,528.1	2,433.8	2,318.4
	85歳	2,489.8	2,545.2	2,588.5	2,619.8	2,638.9	2,646.0	2,731.7	2,796.2	2,839.5	2,861.7	**2,862.7**	2,842.6	2,801.2	2,738.7	2,655.1	2,550.2
	86歳	2,585.5	2,647.0	2,696.4	2,733.7	2,758.9	2,772.0	2,868.3	2,943.4	2,997.3	3,030.0	**3,041.6**	3,032.1	3,001.3	2,949.4	2,876.3	2,782.1
	87歳	2,681.3	2,748.8	2,804.3	2,847.6	2,878.8	2,898.0	3,004.8	3,090.5	3,155.0	3,198.4	3,220.6	**3,221.6**	3,201.4	3,160.1	3,097.6	3,013.9
	88歳	2,777.0	2,850.6	2,912.1	2,961.5	2,998.8	3,024.0	3,141.4	3,237.7	3,312.8	3,366.7	3,399.5	**3,411.1**	3,401.5	3,370.8	3,318.8	3,245.8
	89歳	2,872.8	2,952.4	3,020.0	3,075.4	3,118.8	3,150.0	3,278.0	3,384.9	3,470.5	3,535.1	3,578.4	3,600.6	**3,601.6**	3,581.4	3,540.1	3,477.6
	90歳	2,968.6	3,054.2	3,127.8	3,189.3	3,238.7	3,276.0	3,414.6	3,532.0	3,628.3	3,703.4	3,757.3	3,790.1	**3,801.7**	3,792.1	3,761.4	3,709.4
	91歳	3,064.3	3,156.0	3,235.7	3,303.2	3,358.7	3,402.0	3,551.2	3,679.2	3,786.0	3,871.7	3,936.2	3,979.6	4,001.8	**4,002.8**	3,982.6	3,941.3
	92歳	3,160.1	3,257.9	3,343.5	3,417.1	3,478.6	3,528.0	3,687.8	3,826.4	3,943.8	4,040.1	4,115.2	4,169.1	4,201.8	**4,213.4**	4,203.9	4,173.1
	93歳	3,255.8	3,359.7	3,451.4	3,531.0	3,598.6	3,654.0	3,824.4	3,973.5	4,101.6	4,208.4	4,294.1	4,358.6	4,401.9	4,424.1	**4,425.1**	4,405.0
	94歳	3,351.6	3,461.5	3,559.2	3,644.9	3,718.5	3,780.0	3,960.9	4,120.7	4,259.3	4,376.7	4,473.0	4,548.1	4,602.0	4,634.8	**4,646.4**	4,636.8
	95歳	3,447.4	3,563.3	3,667.1	3,758.8	3,838.5	3,906.0	4,097.5	4,267.9	4,417.1	4,545.1	4,651.9	4,737.6	4,802.1	4,845.5	4,867.6	**4,868.6**
	96歳	3,543.1	3,665.1	3,775.0	3,872.7	3,958.4	4,032.0	4,234.1	4,415.0	4,574.8	4,713.4	4,830.8	4,927.1	5,002.2	5,056.1	5,088.9	**5,100.5**

く変わるため、特に繰り上げ受給する人は要注意です。

65歳以上のおひとりさまの場合、基礎控除以外の所得控除がないと仮定した場合で、年金額が年間158万円以下であれば、所得税はかかりません（住民税はだいたい155万円以下であればかかりません）。実際は、社会保険料（国民健康保険料や勤務先で天引きされる健康保険料、介護保険料など）も負担することになり、それらの負担額も社会保険料控除として、所得から差し引かれるため、年金額が158万円を若干超えても、所得税・住民税（所得割）はかかりません。生命保険料を払っていれば、生命保険料控除を受けられるため、非課税の基準額はさらに上がります。

一方で、65歳未満のおひとりさまの場合、基礎控除以外の所得控除がないと仮定した場合で、年金額が年間108万円以下であれば、所得税はかかりません（住民税はだいたい105万円以下であればかかりません）。社会保険料控除や生命保険料控除（生命保険料を払っている人のみ）を考慮すれば、年間108万円を若干超えても所得税、住民税所得割はかかりませんが、65歳以上の場合と比較すれば、非課税の基準額は大幅に低くなります。

例えば、年金額が年間150万円（月額12・5万円）の場合、65歳以上であれば税金はかかりませんが、65歳未満の場合は、仮に社会保険料を年間12万円とすると、所得は（150万円－65万円（公的年金等控除額）－12万円（社会保険料控除）－48万円（基礎控除）＝25万円です。所得税は約1・3万円、住民税は約3・2万円となり、税額の合計は4・5万円程度となります。ある程度の金額になりますので、税金についても考慮した方がよいでしょう。

以上は金銭的な話ですが、あなた自身の生活スタイルや貯蓄額も考慮して、受給開始年齢を決めるようにしましょう。

健康寿命を考慮することも重要です。高齢になればなるほど、アクティブに行動するのは体力面でも精神面でもつらくなってきます。トータルの年金額が多少目減りしても、年金を早く受給し始めるということも考えられるかもしれません。厚生労働省が公表している情報では、健康寿命を「健康上の問題で日常生活が制限されることなく生活できる期間」と定義し、2019（令和元）年における健康寿命は、男性で72・68（約73）歳、女性で75・38（約75）歳となっています。

図16【令和４年度における繰り上げ・繰り下げ受給率】

	国民年金のみ受給している人	厚生年金を受給している人
繰り上げ受給	25.7%	0.7%
繰り下げ受給	2.0%	1.3%
本来（65歳から受給）	72.4%	97.9%

参考までに、繰り上げ受給する人、繰り下げ受給する人の割合を図16に掲げました。

年金額の少ない**国民年金のみの受給者は、だいたい４人に１人は繰り上げ受給**しているものの、**国民年金のみの受給者の繰り下げ受給、厚生年金を受給している人の繰り上げ受給・繰り下げ受給は、割合としては低く、少数派**ということがわかります。前述のシミュレーションによれば、本来の65歳から受給を開始するより、繰り上げ受給または繰り下げ受給をした方が有利になる可能性は高いですが、考慮すべき事項が多く、また何歳で死亡するか予測することが困難であるため、結局65歳から受給を開始するという人が多いのではと推察されます。

16

定年満期1カ月前に退職した方がお得な場合もある！

２０１３（平成25）年に**高年齢者雇用安定法**が改正され、65歳までの雇用確保が義務化された後、定年を65歳にする企業や、65歳までの継続雇用制度（再雇用制度など）を導入する企業が増えました。通常だと、働く意欲があれば65歳まで勤め上げ、定年で退職するという発想になりますが、**実は65歳になる前に退職した方が、有利になる場合があります。**

退職時の年齢が**65歳未満**で退職後に**再就職する意思があり、退職日以前の2年間に、雇用保険の被保険者期間が通算で12カ月以上**あれば、退職後に「**失業給付（基本手当）**」を受け取ることができます。一方、**65歳以上で退職した場合は、「高年齢求職者給付金」を受け取る**ことができます（離職日以前の1年間に、雇用保険の被保険者期間が通算で6カ月以上あることが必要です）。基本手当と高年齢求職者給付金では、もらえる金額が大きく異なります。

まず、65歳未満で退職した場合に受け取ることができる基本手当について、給付日数1

【失業給付（基本手当）と高年齢求職者給付金の比較】

	失業給付（基本手当）	高年齢求職者給付金
対象年齢	65歳未満	65歳以上
支給金額	賃金日額の45%～80%	賃金日額の50%～80%
給付日数	90日分～150日分（自己都合退職の場合）	30日または50日
支給方法	4週に一度	一括
年金の併給	不可	可

日当たりの受給額である「基本手当日額」は、1日当たりの「**賃金日額**」の**45%から80%**（退職時の年齢と賃金によって異なります）となります。賃金日額は、**離職日直前6カ月の賃金**（賞与は除く）**の合計を180で算出した金額**となります。

なお、基本手当日額は、年齢区分ごとに図17の通り、上限額が定められています。

基本手当は、**基本手当日額の90日から150日分**となります。例えば、退職前の月給が40万円の人が、64歳で自己都合退職した場合、最大5カ月間で90万円程度の基本手当をもらうことができます。

一方で、**65歳以上で退職した場合**は、高年齢求職者給付金を受給できますが、**基本手当**

【自己都合退職の場合の失業給付（基本手当）給付日数】

雇用保険の被保険者期間	給付日数
10年未満	90日分
10年以上20年未満	120日分
20年以上	150日分

図17【失業給付（基本手当）の基本手当日額の上限額（令和6年8月1日現在)】

年齢	基本手当日額の上限額
30歳未満	7,065円（※）
30歳以上45歳未満	7,845円
45歳以上60歳未満	8,635円
60歳以上65歳未満	7,420円

（※）65歳以上の人が高年齢求職者給付金を受給する場合も同様

日額の30日分または50日分しか受給できません。例えば、退職前の月給が40万円の場合、最大でも33万円程度の給付となってしまいます。**基本手当とはトータルで50万円以上の差**があります。64歳11カ月で退職するか、65歳の定年で退職するか、**わずか1カ月の差で、給付額が大きく変わってしまう**のです。

64歳11カ月まで退職日を延ばす理由としては、定年ギリギリまで給与をもらい続けるためです。また、**特別支給の老齢厚生年金を受給している人は、基本手当と同時にもらう**（併給）**ことはできません**ので、64歳11カ月まで退職日を延ばした方がよいでしょう。特別支給の老齢厚生年金と基本手当の双方を受給できる場合は、いずれかを選択することになります。

一方で、**65歳以上でもらえる老齢厚生年金と基本手当を両方もらうことは可能**です。そのため、**65歳になる直前での退職は、「いいとこ取り」ができてしまう**のです。実際に受け取ったときの年齢が65歳以上でも、**退職日の年齢が65歳未満**であれば、基本手当をもらうことができます。

なお、基本手当については、退職後に勤務先から発行された離職票をハローワークに持

【高年齢求職者給付金の給付日数】

雇用保険の被保険者期間（在職期間）	給付日数
1年未満	30日分
1年以上	50日分

参し、申請を行います。7日間の待機期間と2カ月（2025（令和7）年4月1日以降は1カ月に短縮されます）の給付制限の後、失業認定を受け、基本手当が振り込まれることになります。

その後、**再就職または支給期間が終了するまで、4週間ごとに失業認定と基本手当の振り込みが繰り返されます**。一方で、**高年齢求職者給付金は、一括で支給されます**。また、基本手当や高年齢求職者給付金は非課税であり、税金はかかりません。

注意点としては、65歳の誕生日の前々日までに退職しなければ、基本手当はもらえず、高年齢求職者給付金の対象となってしまうことです。というのも、**年齢は誕生日の前日に加算される**ので、65歳の誕生日の前日に65歳になるとみなされるためです。よって、例えば1月10日が誕生日であれば、1月8日までに退職する必要があります。

また、会社によっては、64歳11カ月で退職した場合にもらえる退職金が、65歳で定年退職した場合にもらえる退職金と比較して、少なくなる可能性があります。当然ですが、本来はもらえるはずだった最後の1カ月分の給与ももらえなくなります。それらの点も検討し、退職時期を決めるようにしましょう。


もちろん、**退職後に基本手当や高年齢求職者給付金をもらうためには、再就職しようとする意思があることが大前提**です。

それらの給付を受けるためだけに、ハローワークに行って、失業認定を受けることは、本来は認められませんので、良心に基づいて判断するようにして下さい。

17

年金がカットされる「在職老齢年金」という最悪の制度

働きながら年金をもらうと、年金が減額されることがあると聞いたことがある人も多いのではないでしょうか。

それは、「**在職老齢年金**」という制度があるためです。

在職老齢年金とは、老齢厚生年金の受給者が、同時に給与をもらって働いている場合に、**年金と給与・賞与の合計額が、一定金額を超えると、**年金が減額（支給停止）されてしまう仕組みです。減額された年金は、後からもらうことができず、純粋な減額となります。

なぜそのようなひどい制度があるのかといえば、**少子高齢化が進行し、現役世代の負担が重くなっている状況で、在職者に年金が満額支給されることは、現役世代の理解を得にくいため、老齢厚生年金の支給も一定の制限を行うことが**適当と考えられているためです。

「そんなこと納得できない！」という人がほとんどかと思いますが、現行制度における政

【在職老齢年金の支給停止額の計算式】

$$\text{支給停止額} = \left(\text{基本月額} + \text{総報酬月額相当額} - \text{50 万円}\right) \times \frac{1}{2}$$

基本月額：加給年金額を除いた老齢厚生年金（報酬比例部分）の月額

総報酬月額相当額：月給（標準報酬月額）＋直近 1 年間の標準賞与額合計 ÷ 12

50 万円：2024（令和6）年度の金額。2023（令和5）年度は 48 万円

府の考え方は、そのようになっています。

とはいえ、在職老齢年金は、厚生年金保険の被保険者が対象なので、正社員並みに働いていなければ対象とはなりません。

一方で、**70歳以降**は厚生年金の被保険者とはならないため、厚生年金保険料負担はありませんが、**正社員並みに働いていると、支給停止の対象**となってしまいます。

年金すべてが減額の対象となるわけではなく、老齢基礎年金と老齢厚生年金のうち「**経過的加算額**（第一章07節55ページ）」は支給停止の対象外なので、全額受け取ることができます。

また、老齢厚生年金が全額支給停止にならず、一部でも受け取ることができれば、「**加給年金**（第一章07節56ページ）」は全額受け取ることができます。

支給停止額は、上図の通りです。

つまり、**1カ月当たりの老齢厚生年金**（報酬比例部分）**と平均給与額**（直近1年間の賞与を含む）**の合計が、50万円を超えた場合に、その超えた分の半分が減額**されるということです。

例えば、**基本月額が20万円、平均給与額が40万円であれば、**20万円＋40万円＝60万円が50万円を超えた部分の半分、**5万円**（＝（60万円－50万円）×1／2）**が減額**されることになります。

（基本月額 ＋ 総報酬月額相当額）**が50万円以下**であれば、減額はありませんので、働きながら年金をもらっていても、年金が減額されることはありません。

よって、年金と給与の合計が、50万円以下となるように調整して働く人は多いです。

参考までに、総報酬月額相当額を縦軸、基本月額を横軸にして、支給停止額がいくらになるかをまとめた早見表を掲載します。

【在職老齢年金の支給停止額早見表】

（単位：万円）

		基本月額（年金月額）						
		5万円	8万円	10万円	13万円	15万円	18万円	20万円
総報酬月額相当額	30万円							
	33万円			全額支給			0.5	1.5
	36万円					0.5	2.0	3.0
	39万円				1.0	2.0	3.5	4.5
	42万円			1.0	2.5	3.5	5.0	6.0
	45万円		1.5	2.5	4.0	5.0	6.5	7.5
	48万円	1.5	3.0	4.0	5.5	6.5	8.0	9.0
	51万円	3.0	4.5	5.5	7.0	8.0	9.5	10.5
	54万円	4.5	6.0	7.0	8.5	9.5	11.0	12.0
	57万円		7.5	8.5	10.0	11.0	12.5	13.5
	60万円				11.5	12.5	14.0	15.0
	63万円					14.0	15.5	16.5
	66万円			全額支給停止			17.0	18.0
	69万円							19.5
	70万円							

在職老齢年金の制度により、年金が減額されるのを回避するために、老齢厚生年金を繰り下げ受給してしまおうという発想になる人は多いですが、注意が必要です。というのも、**繰り下げ受給は、通常は年金増額の対象となりますが、支給停止部分については、増額の対象外**となってしまうのです。

例えば、**老齢厚生年金**（報酬比例部分）**が10万円**だとして、そのうち**6万円が減額**されたとしましょう。本来65歳から受け取れる老齢厚生年金を、70歳まで**5年繰り下げて受給**したとします。

5年間繰り下げた場合の年金増額率は42%（＝1カ月当たり増額率0・7%×60カ月）です。

この場合、**繰り下げ受給により増額されるのは10万円全額ではなく、減額されていない4万円部分**のみです。減額された6万円部分は、増額の対象とはならないのです。

つまり、在職老齢年金による減額部分が大きいと、繰り下げ受給のメリットが大幅に減ることになります。このように、老齢厚生年金の繰り下げ受給を選択したとしても、在職老齢年金による減額を、完全には回避できない可能性があるので要注意です。

在職老齢年金による減額を回避するためには、以下の方法が考えられます。

①1カ月当たりの老齢厚生年金（報酬比例部分）と平均給与額の合計が、50万円を超えないように就業調整する
②厚生年金に加入せず働く
③経営者など自分の給与をコントロールできる場合は、給与のうちなるべく大部分を1回の賞与でもらう

①については、本来はもっと働けるのに、勤務時間をおさえて働くことになるため、根本的な解決にはなりませんが、実際に多くの人が行っている回避策です。

②については、前述の通り、在職老齢年金の対象が厚生年金保険の被保険者であることから、**時短勤務**を行うことにより、厚生年金保険の被保険者とならなければ、在職老齢年

金による減額を回避することができるということです。

③については、前述の支給停止額の計算式に出てくる総報酬月額相当額を計算するにあたって、賞与額の上限があることを利用した対策です。

総報酬月額相当額を計算するにあたり、**賞与額は1カ月あたり150万円の上限**があり、150万円超の賞与を払ったとしても、150万円として扱われます。よって、全額給与でもらうよりも、**一部を賞与としてもらうことにより、総報酬月額相当額を低く計算する**ことができ、在職老齢年金による減額を回避（または軽減）することができる可能性があります。

なお、在職老齢年金の制度は、高齢者の勤労意欲を削ぎ、人手不足問題をより深刻にしている側面があることから、見直しが検討されています。

将来的に、在職老齢年金制度による年金の減額が縮小されるか、廃止される可能性もあります。今後の動向に注目しましょう。

ちなみに、なぜ年金が減額されるのに、「**年金支給停止制度**」「**年金減額制度**」などとは表現されず、「在職老齢年金」といわれているのかご存知でしょうか。それは過去の経緯が関係しています。

もともと在職中は、老齢年金がもらえませんでしたが、1965（昭和40）年に制度改正があり、新たに65歳以上の在職者にも支給される年金として、在職老齢年金が導入されました。その後、何度かの制度改正によって、現在の制度となりました。

つまり、もともとは年金の減額というわけではなく、年金の支給対象者を増やす制度だったのです。

在職老齢年金という名称がそのままに、現在の制度では、年金が減額される制度を指すようになったというわけです。

18

住民税非課税者は優遇される

住民税非課税世帯（おひとりさまであれば「住民税非課税者」）になると、様々な恩典があると聞き、所得をおさえて住民税非課税者を目指す人もいます。結果からいえば可能ですが、無理に所得を減らすと、当然生活水準も下がります。自分が住民税非課税者に該当するか判断できるようにして、該当するのであれば、積極的に恩典を受けるという発想が望ましいでしょう。

住民税は「**所得割**（所得金額に比例してかかる住民税）」と「**均等割**（所得に関係なく一定額がかかる住民税）」で構成されますが、いずれも非課税の人を住民税非課税者といい、世帯全員が非課税ならば住民税非課税世帯といいます。例えば東京23区では、以下のいずれかを満たせば、住民税非課税世帯となります。

1. 生活保護を受けている

2．障害者、未成年者、寡婦(夫)、ひとり親で、前年中の合計所得金額が135万円以下

3．前年中の合計所得金額が、次の金額以下　①同一生計配偶者・扶養親族がいない場合→45万円　②同一生計配偶者・扶養親族がいる場合→35万円×(同一生計配偶者＋扶養親族数＋1)＋31万円

1と2に該当しなければ、配偶者・扶養親族がいないおひとりさまの場合は、3の①に該当するかを確認してみましょう。

まず、所得が年金のみである場合、**65歳以上の場合は、年金が155万円以下であれば、合計所得金額は45万円以下**となります（155万円－110万円（公的年金等控除額）＝45万円）。**65歳未満の場合は、年金が105万円以下であれば、合計所得金額は45万円以下**となります（105万円－60万円（公的年金等控除額）＝45万円）。

一方で、**所得が給与のみの場合は、年齢に関係なく、給与収入が100万円以下であれば、住民税非課税者**となります（100万円－55万円（給与所得控除額）＝45万円）。

これらは、東京23区のケースなので、必ずあなたがお住まいの自治体に確認するようにして下さい。

住民税非課税者（世帯）になると、次のような優遇措置が認められます。

①高額療養費制度の負担限度額が下がる

第一章08節で述べた通り、高額療養費制度（病院などでの1カ月当たりの窓口負担額が一定の限度額を超えた場合に、その超えた金額について払い戻しを受けることができる）における負担限度額が、住民税非課税者に該当すれば低くなります。高額療養費制度における負担限度額が低くなるということは、医療費が負担限度額に達しやすくなり、払い戻しを受ける医療費も、住民税非課税者に該当しない人と比較して多くなる可能性が高くなるということです。**70歳以上の場合、住民税非課税者であれば月に2万4600円が限度額となり（年金収入が80万円以下であれば1万5000円）、69歳以下でも、3万5400円が限度額となります。**つまり、それ以上は医療費を負担しなくて済みます。

②高額介護サービス費の負担限度額が下がる

医療費と同様に、介護サービス費についても「高額介護サービス費」の制度があり、1カ月当たりの介護サービス費が一定の負担限度額を超えれば、その超えた金額について払い戻しを受けることができます。負担限度額は、住民税非課税者であれば**月に2万4600円が限度額となります（年金収入が80万円以下であれば1万5000円）。**

【高額介護サービス費の負担限度額】

区分	負担限度額（月額）
年収約 1,160 万円以上	14 万 100 円（世帯）
年収約 770 万円以上～年収約 1,160 万円未満	9 万 3000 円（世帯）
住民税課税世帯で年収約 770 万円未満	4 万 4400 円（世帯）
世帯全員が住民税非課税	2 万 4600 円（世帯）
「前年の公的年金等収入金額」＋「その他の所得合計金額」が 80 万円以下	1 万 5000 円（個人）
生活保護受給者等	1 万 5000 円（世帯）

③介護施設における食費や居住費が安くなる

特別養護老人ホーム（特養）や**介護老人保健施設（老健）**などの介護施設に入居した際の食費や居住費についても、住民税課税者か非課税者かで異なってきます。というのも、住民税非課税者については、食費や居住費の1日当たりの負担限度額が決まっているためです。

また、住民税非課税者の基準と若干異なるものの、世帯員全員の総所得金額等（※1）が一定以下であれば、**国民健康保険料が軽減**されます。例えば、**東京23区在住のおひとりさまの場合、総所得金額等が43万円以下であれば、国民健康保険料は、7割も減額される**ことになります。その他、住民税非課税者は、自治体から給付金などの優遇措置を受けられる場合があります。一度お住まいの自治体の窓口に確認してみるとよいでしょう。

（※1）合計所得金額に、純損失（事業所得、不動産所得などの損失の金額のうち、損益の通算をしてもなお控除しきれない金額）または雑損失（災害、盗難、横領によって受けた損失額のうち、それらが生じた年分の雑損控除として控除しきれない金額）などの繰越控除を適用した後の金額のこと。純損失または雑損失などの繰越控除がなければ、「合計所得金額」と「総所得金額等」は同一の金額になる。

【国民健康保険料の軽減割合（東京23区）】

減額割合	総所得金額等
7割	「43万円＋（給与所得者等※の数 − 1）× 10万円」以下
5割	「43万円＋（国民健康保険の加入者数× 29万円5000円）＋（給与所得者等※の数 − 1）× 10万円」以下
2割	「43万円＋（国民健康保険の加入者数× 54万円5000円）＋（給与所得者等※の数 − 1）× 10万円」以下

（※）給与所得者等：給与所得または公的年金等に係る所得を有する人

さらに、世帯の中に障害者がおり、その世帯員全員が住民税非課税者であれば、**NHKの受信料が免除**になるという優遇措置もあります。

なお、住民税所得割のみ非課税世帯（者）、つまり住民税均等割のみ課税されている世帯（者）は、いわゆる住民税非課税世帯（者）には該当しませんが、まれに自治体による優遇措置を受けられる場合もあります。

例えば、2024（令和6）年上旬には、2023（令和5）年度分の住民税が非課税であった世帯（住民税均等割も非課税であった世帯）に加えて、**住民税所得割のみ非課税の世帯に対しても、1世帯当たり10万円が給付**されました。

東京23区において、住民税所得割のみ非課税の世帯となるのは、以下の世帯です。

住民税非課税世帯（均等割も非課税の世帯）に該当せず、前年中の「総所得金額等」が次の金額以下の場合

①同一生計配偶者・扶養親族がいない場合　45万円

②同一生計配偶者・扶養親族がいる場合　35万円×（同一生計配偶者＋扶養親族数＋1）＋42万円

住民税非課税世帯（均等割も非課税の世帯）とは異なり、合計所得金額ではなく、**総所得金額等が基準**となります。

厚生労働省の「令和5年国民生活基礎調査」によれば、**住民税非課税世帯は、全年代では27・4％ですが、65歳以上では38・1％、75歳以上で49・1％**です。このことから、一般的に年金生活の高齢者は、所得水準が低く、住民税非課税者も多いことがわかります。

自分が住民税非課税者に該当する場合は、優遇措置もうまく活用していきましょう。

住民税非課税世帯は様々な優遇措置があるため、65歳以上の人も、あえて年金を繰り下げ受給することにより、住民税非課税者を目指すのもありかもしれません。ただし、ある程度の貯蓄がなければ、生活を維持できなくなるので、貯蓄額に応じて判断して下さい。

19

個人事業主・フリーランスがもらえる年金の悲惨な実態と対策について

第一章07節では年金の受給額について解説しました。「令和4年度 厚生年金保険・国民年金事業の概況（厚生労働省）」によれば、2022（令和4）年度の厚生年金（老齢厚生年金）の月額平均は、**14万4982円**となっています。一方、国民年金（老齢基礎年金）のみだと、月額平均は、**5万6428円**です。**約2・6倍**もの開きがあります。

老齢基礎年金の満額は以下の通りです（毎年改定があります）。

（令和6年4月から）

昭和31年4月1日以前生まれの人　↓　81万3700円（月額6万7808円）

昭和31年4月2日以後生まれの人　↓　81万6000円（月額6万8000円）

月額平均の5万6428円と差がありますが、満額にならないのは以下が主な理由です。

①国民年金保険料の未納期間がある

老齢基礎年金は、**国民年金保険料を20歳から60歳になるまで40年間（480カ月）漏れなく納付した場合に満額受給**することができ、納付していない期間があれば、その分減額されてしまいます。例えば、学生時代、国民年金保険料を払っていない時期があったり、転職中や退職後に無職の期間があり、その間、国民年金保険料を払っていない時期がある場合などが考えられます。また、厚生年金に加入している配偶者がおり、その配偶者の扶養に入っていた場合（第3号被保険者）に、配偶者が65歳になると、第3号被保険者の資格を失います。そうすると、第1号被保険者として自ら国民年金に加入する必要がありますが、その手続きを行っていない場合も、未納となります。

国民年金保険料の未納については、**納付期限から2年以内であれば納める（後納）ことができますが、2年を過ぎてしまうと、時効により納めることができなくなります。**

②国民年金保険料の免除や猶予を受けていたことがある

本人や配偶者などの所得が、一定額以下だったり失業したなど、国民年金保険料を納めることが困難な場合は、免除の申請を行い、承認されれば国民年金保険料の免除を受けら

【免除・猶予を受けるための所得の基準と金額】

	免除・納付猶予の所得基準	年金額
全額免除	（扶養親族の数＋１）× 35万円＋32万円	保険料を全額納付した場合の 年金額の２分の１
４分の３免除	88万円＋扶養親族等控除額＋ 社会保険料控除額等	保険料を全額納付した場合の 年金額の８分の５
半額免除	128万円＋扶養親族等控除額＋ 社会保険料控除額等	保険料を全額納付した場合の 年金額の８分の６
４分の１免除	168万円＋扶養親族等控除額＋ 社会保険料控除額等	保険料を全額納付した場合の 年金額の８分の７
納付猶予	（扶養親族等の数＋1）× 35万円＋32万円	年金額への反映なし

れます。また、20歳以上50歳未満の人で、本人や配偶者の所得が一定額以下の場合は、納付猶予の申請を行い、承認されれば国民年金保険料の納付が猶予されます。免除と猶予の違いは、免除の場合は、将来受け取れる年金額に一定額が反映される（国民年金保険料を納付した場合に受け取ることができる年金の一部は受け取ることができる）のに対し、猶予の場合は、追納（後から納付をすること）をしない限り、将来受け取る年金額には反映されないといった点にあります。免除・猶予を受けるための所得の基準と、免除された場合に受け取れる年金額は、上の通りです。

免除・猶予を受けた期間は、10年以内であれば追納して、老齢基礎年金の受給額を満額に近づけることができます。よって、なるべく追納することをおすすめします。老齢基礎年金を受け取るためには、**保険料納**

付済期間と保険料免除期間などを合算した期間が10年以上必要であるため、もし未納のまだった場合、最悪、老齢基礎年金を将来受け取ることができなくなってしまいます。また、万が一の場合にもらえる障害年金（病気やけがによって生活や仕事などが制限されるようになった場合に受け取ることができる年金）や遺族年金（国民年金または厚生年金に加入している人が亡くなったときに、その被保険者の遺族が受け取ることができる年金）がもらえなくなる可能性があります。

③年金を繰り上げ受給した

第二章17節で解説した通り、年金の繰り上げ受給をした場合は、受け取れる年金額が減額されます。

④国民年金への加入が任意だった時代に未加入であった

1986（昭和61）年3月まで、会社員などの被扶養配偶者（20歳以上60歳未満）は、国民年金への加入は任意でした。1991（平成3）年以前の学生なども同様です。任意加入しなかった期間（カラ期間）については、受給資格の計算期間には算入されるものの、年金額の計算には反映されません。なお、**カラ期間の国民年金保険料は追納することができません**。その場合、年金額を増やしたければ、60歳以降に国民年金に任意加入することが必要です。

老齢基礎年金額が満額にならなかった場合に、満額に近づける方法としては、前述の**未納国民年金保険料の後納**や、**免除・猶予された国民年金保険料の追納**、**60歳以降の国民年金への任意加入**などが挙げられます。また、付加年金の保険料を支払うことにより、年金額を増やすことができます。**毎月の国民年金保険料に上乗せして、月額400円の付加保険料を納付すれば、（200円×付加保険料を納めた月数）の金額分、将来の老齢基礎年金の額を増やすことができます**。ただ、年間でも2400円（＝200円×12カ月）の増額なので、大した増額にはならないかもしれません。

いずれにしろ、個人事業主やフリーランスが十分な年金を確保するためには、国民年金だけでは不十分であるため、iDeCoや国民年金基金などを利用するべきでしょう。

個人事業主やフリーランスについては、「**小規模企業共済**」がおすすめです。小規模企

【加入資格（従業員数）】

業種	従業員数（本人・家族従業員などは含まない）
建設業、製造業、運輸業、不動産業、農業、サービス業（宿泊業・娯楽業に限る）など	正社員の数が20人以下
商業（卸売業・小売業）、サービス業（宿泊業・娯楽業を除く）、弁護士法人や税理士法人等の士業法人など	正社員の数が5人以下

業共済とは、個人事業主・フリーランスや、小規模企業の経営者のための**退職金制度**であり、廃業後・退職後の資金を積み立てることができる制度です。加入するためには、個人事業主の場合はその事業所、法人の役員の場合はその法人の従業員数などに関する要件があります。

国の機関である中小機構が運営しているため、制度としての信頼性は高いです。毎月自分で決めた一定額を、掛金として拠出することにより、廃業時・退職時に共済金（退職金）を受け取ることができます。

小規模企業共済の大きなメリットとしては、**税制面で優遇措置が受けられる**点にあります。まず、**月々の掛金は1000円～7万円まで500円単位で自由に設定**することができ、その**全額が所得控除（小規模企業共済等掛金控除）の対象**となります。よって、年間の掛金の合計額に、税率（所得税率・住民税率）を掛けた金額が節税額となります。また、廃業時・退職時に受け取ることができる共済金については、**一括受け取りの場合は退職所得**になり、**分割受け取りの場合は公的年金等の雑所得**になります。退職所得は退職所得控除があったり、課税される金額が2分の1になったり、税制面で優遇されています。また、公的年金等の雑所得についても、公的年金等控除額の適用を受けられます。

また、掛金の7～9割に相当する金額について、低金利で事業資金を借り入れることも可能です。ただし、廃業・退職時でなくても解約（任意解約）は可能であるものの、任意解約の際に受け取ることができる**解約手当金については、元本割れ**（解約手当金が拠出した掛金の合計額を下回ること）**の可能性があります**。

・掛金納付月数が12カ月未満で任意解約した場合は、解約手当金を受け取ることはできず、納付した掛金は全額掛け捨てとなる
・掛金納付月数が２４０カ月（20年）未満で任意解約した場合は、解約手当金が掛金の合計額を下回る
・加入期間が２４０カ月以上でも、途中で掛金を増額・減額した場合は、任意解約した場合に受け取れる解約手当金が、掛金の合計額を下回ることがある

【解約手当金（任意解約）の金額】

掛金納付月数	解約手当金の金額
12カ月未満	0円
12カ月以上84カ月未満	掛金総額×80%
84カ月以上240カ月未満	掛金総額×80.5%～99.25%
240カ月以上246カ月未満	掛金総額×100%
246カ月以上	掛金総額×100.25%～120%

個人事業を廃業した場合や、法人役員を65歳以上で退任した場合は、共済金を受け取ることができ、共済金については、**掛金納付月数が6カ月以上**であれば、元本割れすることはありません。**掛金納付月数が36カ月以上**であれば、受け取ることができる共済金の金額は、掛金の合計額よりも多くなります。

ある程度長期間、個人事業に従事したり、小規模企業の法人役員に就く予定であるなら、小規模企業共済への加入を検討しましょう。

年金財政へのネガティブな話題が度々メディアで取り上げられ、また2007（平成19）年には「**消えた年金問題**」も発覚し、年金制度は信頼ができないという人も多いかもしれません。ただし、年金制度を維持することは、国家存亡の最低条件といえ、政府は年金制度を維持するためにあらゆる手を尽くして、破綻しないように死守するはずです。過度な心配は不要でしょう。特に個人事業主・フリーランスの人が受け取れる老齢基礎年金は少額であることから、前述の制度をうまく利用して、老後の生活に備えるようにしましょう。

20

持ち家があるならリバースモーゲージやリースバックの活用を検討しよう

持ち家があり、しばらくは住む場所に困らないけど、貯蓄が少なく、年金が少ないことから生活に不安がある。そのような人も多いようです。思い切って自宅を売却すれば、まとまったお金は入ってくるものの、特に年を重ねるごとに住み慣れた自宅を離れることへの抵抗が増してくることが通常ではないでしょうか。

そんな人が活用すべき仕組みとして、「リバースモーゲージ」や「リースバック」があります。

リバースモーゲージは最近注目を集めており、**自宅を担保にして金融機関などから生活資金の借り入れを行い、自宅に継続して住み続け、死亡したときに担保となっていた自宅を売却し、借入金を返済する仕組み**で、不動産担保ローンの一種です。

通常の住宅ローンは、物件を購入する際に融資を受け、毎月少しずつ返済を行っていく

【リバースモーゲージの仕組み】

のに対し、リバースモーゲージは毎月少しずつ借り入れを行うか、一括で借り入れを行う方法で、住宅ローンとは逆（リバース）のモーゲージ（担保ローン）であることから、リバースモーゲージという名称が付けられています。

　リバースモーゲージには、毎月一定額の融資を受ける「**年金型**」と、最初に一回でまとまった金額の融資を受ける「**一括型**」などがあります。融資の金利については、変動金利であることが一般的です。年金が少ない一方で、医療費や介護費用が増加する老後の資金を確保するために、うまく活用できれば有効な手段となります。**特におひとりさまの場合、死後に財産を家族のために残す必要がないというケースも多く、リバースモーゲージは適しているといえます。**

　リバースモーゲージは、老後の生活資金を増やしたい人に加えて、住宅ローンが残っている人にもメリットがあります。まとまった資金を借り入れ、住宅ローンの返済に充てることが可能です。つまり、**住宅ローンについて借り換えが可能となり、以後は利息の支払いだけの状態にすることもできます。**シニア向けのローンであるため、対象者が65歳以上に限定されていることが多いですが、50歳以上から利用可能な場合もあります。年金収入のみであっても、一定以上の年金収入があれば審査に通過できます。

ただし、リバースモーゲージは注意しなければならない点も多くあります。

まず、持ち家の評価ですが、**担保評価額の5～7割程度**とされ、さらにその**担保評価額も、実際の売買価格の8割程度**とされます。よって、持ち家の時価に対して、**融資限度額が大幅に少なくなる可能性が高い**です。そのようなことからも、リバースモーゲージの対象は、売買需要の多い首都圏、関西圏、主要都市にある物件に限られています。

融資の資金使途が限定される場合もあります。例えば、医療費・介護費用、生活資金、自宅の建て替えやリフォームの費用に限定され、事業資金や投資資金などには利用できないケースもあります。

さらに、金利上昇や担保価値の下落リスクがあります。リバースモーゲージは、変動金利型のローンであることから、**金利が上昇すれば、利息の支払いが増えてしまう**可能性があり、生活を圧迫することがあります。**持ち家の担保価値が下落すれば、当初決められた融資限度額を借り入れ額が超過してしまい、超過分の返済が求められることがあります。**

長生きした場合も、当初決められた融資限度額に達してしまう可能性が高くなり、その場合は、融資限度額を超過した分について、返済を求められることがあります。返済資金がない場合は、持ち家を売却し、その売却代金で返済しなければなりません。

なお、マンションの場合は、リバースモーゲージの対象外となってしまうことが多いです。というのも、リバースモーゲージは、住宅のうち主に土地部分の担保価値をもとに、融資額を決定しますが、マンションは土地部分の担保価値は少なく、土地部分だけ売却することも困難だからです。建物部分も、時間の経過とともに、担保価値は目減りしていきます。よって、リバースモーゲージの**対象を戸建てに限定している金融機関も多い**です。

また、推定相続人（今の状況で相続が発生したときに遺産を相続する人）がいる場合は、リバースモーゲージの契約を行うにあたり、推定相続人の同意が必要なケースがあります。よって、**推定相続人と疎遠であると、実行が難しくなる**可能性があります。

【リースバックの仕組み】

住み慣れた家に住み続けつつ、資金調達できる方法としては、「**リースバック**（または「**セール・アンド・リースバック**）」と呼ばれる手法もあります。

これは、不動産を不動産会社などのリースバックを扱っている**会社へ売却し、そのリースバック会社から不動産の賃貸を受ける方法**です。リース（賃貸借）＋バック（戻す）が、名称の由来です。

リースバックは、リバースモーゲージとは異なり、不動産の売却であるため、資金の使途は自由です。また、売却により不動産を手放すことになるので、**固定資産税や、マンションの場合は管理費・修繕積立金などがかからなくなります**。

さらに、**年齢制限もない**ことが一般的で、高齢者でなくても実施可能です。リースバックの対象となる物件は、リースバック会社によりますが、**マンションについても幅広く対象**とされています。また、**売却した物件を買い戻せる場合もあります。**

ただし、リースバックについても気を付けなければならない点があります。まず、リースバックでは、**売却価格が相場と比較して低くなることも多い**です。また、**売却した上で賃借することになるため、家賃を支払い続けなければなりません**が、家賃についても近隣の相場と比較して、割高に設定されることがあります。

賃貸借契約についても、2年程度の「定期借家契約」となる場合もあり、定期借家契約では、**更新時に賃貸人との合意がなければ、契約が終了**してしまい、持ち家に住み続けることができなくなってしまいます。この点、**普通借家契約**であれば、その心配は少ないでしょう。

リバースモーゲージやリースバックは、持ち家がある人にとっては資金調達のための便利な手段であるものの、利用者が弱い立場に置かれやすく、利用する場合は契約条件などを十分検討するようにしましょう。

21 持ち家を売ってシニア向けマンションを購入するメリット・デメリット

住み慣れた持ち家を売ってしまうことに抵抗がある高齢者は多いですが、最近では「**シニア向け分譲マンション**」も増えてきており、検討の余地があります。しかも、持ち家の売却は、税制上の優遇措置があり、場合によってはほとんど税金がかからずに売却することもできます。

自宅に限らず、所有している不動産を売却した場合は、**譲渡所得税**がかかります。譲渡所得税は、以下の算式で求められます。

譲渡所得 ＝ 売却価額 －（取得費 ＋ 譲渡費用）－ 特別控除額

譲渡所得税 ＝ 譲渡所得 × 税率

取得費は、土地・建物の購入代金などで、建物については、購入代金から所有期間中の

【譲渡所得に対する住民税・所得税】

所有期間	区分	税率（所得税、住民税の合計）
5年超え	長期譲渡所得	20.315%
5年以内	短期譲渡所得	39.63%

減価償却費（税務上、価値が目減りした金額）を控除した金額となります。譲渡費用は、土地・建物を売却するために直接かかった費用で、仲介手数料などです。特別控除額については、後述するマイホームを譲渡した場合の**3000万円の特別控除**や、相続した空き家を譲渡した場合の**3000万円の特別控除（空き家特例）**があります。その他、収容等により土地・建物を譲渡した場合の**5000万円の特別控除**などもあります。

税率については、土地・建物を売った年の1月1日において所有期間が5年を超えるか、5年以下かによって、上の図の通り異なります。

譲渡所得がプラスになる場合、所有期間が5年を超えるか超えないかで、税額が2倍近く異なるので、**5年以内に売却するのはおすすめできません**。どうしても早期に売却したい場合を除いて、5年待ってから売却するようにしましょう。

持ち家を売却する場合は、特別控除の適用を受けられるか、まずは確認しましょう。特別控除が受けられなければ、売却により得られる利益にまともに税金がかかってくるので、なるべくそれは避けたいところです。譲渡所得の算式の通り、**売却により得られる利益（売却価額－（取得費＋譲渡費用））が特別控除額以下**であれば、譲渡所得税はかかりません。

特別控除の一つとして、**マイホームを売却した場合の３０００万円の特別控除**があります。特別控除を受けるための主な要件は、次の通りです。

①所有者が現に住んでいる家、または住まなくなってから3年を経過する日の属する年の12月31日までに売却する家である（家とともに売ったその敷地や借地権を含む）
②売った年の前年および前々年にこの特別控除、またはマイホームの譲渡損失についての損益通算および繰越控除の特例（後述）の適用を受けていない
③売った家や敷地などについて、収用等の特別控除など他の特例の適用を受けていない
④売却先が、親子、夫婦、生計を一にする親族、内縁関係にある人、本人またはそれらの親族などが発行済株式等の50％超を有する法人などではない

通常の第三者への持ち家の売却であれば、要件を満たすことがほとんどでしょう。さらに、持ち家を売却した年の1月1日において、所有期間が10年を超えていれば、譲渡所得のうち、6000万円以下の部分について、通常の税率（所得税、住民税合計で20・315％）よりも低い税率（所得税、住民税合計で14・21％）により譲渡所得税を計算できる「**軽減税率の特例**」の適用を受けることができます。

この軽減税率の特例は、前述のマイホームを売却した場合の3000万円の特別控除と併用することができます。

なお、持ち家を売却して、新たに新居を購入する場合で、**売却の際に譲渡損失が出た場合**、つまり**（売却価額 ―（取得費 ＋ 譲渡費用））がマイナスとなった場合**は、その年の給与所得や事業所得など他の所得から控除（損益通算）することができ、もし売却した年にお**いて損益通算しきれなければ、翌年以降3年間繰り越すことができる特例（マイホームの譲渡損失についての損益通算および繰越控除の特例）を適用できる**場合もあるので、覚えておきましょう。

また、親から家を相続したものの、その家に住み続けることがなければ、負担になることがあります。特に、別に自宅があり、相続した家が空き家になってしまった場合は、**固定資産税が跳ね上がる**可能性があります。

というのも、「**空家等対策特別措置法**」において、市区町村から、「**特定空家**」と指定されれば、その家の敷地について軽減されている**固定資産税（200㎡以下の部分は本来の1／6、200㎡超の部分は本来の1／3に軽減されている）**が、**軽減されなくなってしまう**と定められているからです。よって、**空き家の場合は、敷地の固定資産税が最大で6倍**となってしまう可能性があるのです。「特定空家」とは、空家等対策特別措置法によれば、以下のような状態の空き家を指します。

- **そのまま放置すれば倒壊等著しく保安上危険となるおそれのある状態、または、著しく衛生上有害となるおそれのある状態**
- **適切な管理が行われていないことにより、著しく景観を損なっている状態**
- **その他周辺の生活環境の保全を図るために放置することが不適切である状態**

次章で述べる「**相続放棄**」を行うことも考えられますが、相続放棄をした場合は、他の財産についても放棄することになるため、トータルで考えると損してしまうこともあります。そこで、相続した空き家については、**売却**することを検討しましょう。**一定の要件を満たせば、譲渡所得税の計算において、相続した空き家を譲渡した場合の３０００万円の特別控除（空き家特例）を受けることができます**。特別控除を受けるためには、空き家が次の３つの要件すべてにあてはまらなければなりません。

①１９８１（昭和56）年５月31日以前に建築されたこと
②区分所有建物登記がされている建物でないこと
③相続の開始の直前において被相続人以外に居住をしていた人がいなかったこと

②については、要するにマンションには適用がないということです。
その他、以下の要件も満たす必要があります。

④相続の開始日から３年を経過する日の属する年の12月31日までに売却すること

⑤売却代金が1億円以下であること
⑥売った家や敷地などについて、相続財産を譲渡した場合の取得費の特例や収用等の場合の特別控除など他の特例の適用を受けていないこと
⑦同一の被相続人から相続または遺贈により取得した居住用家屋やその敷地等についてこの特例の適用を受けていないこと
⑧売却先が、親子、夫婦、生計を一にする親族、内縁関係にある人、本人またはそれらの親族などが発行済株式等の50％超を有する法人などではないこと

譲渡所得の「**取得費**」を計算するにあたり、土地・建物の当初の購入価額を把握しておかなければならず、根拠資料として、当初購入時の**不動産売買契約書**などが必要です。ただし、購入したのが昔である場合や、相続した場合などは、不動産売買契約書などがなく、購入価額がわからないケースもあるでしょう。

そのように取得費がわからない場合は、**売却価額の5％を取得費とすることができる**ルールもあります。特に土地の価額は、通常は大きく目減りするものではないので、可能な限り実際の購入価額の証拠となる不動産売買契約書などを保存しておくことをおすすめ

します。**特別控除、軽減税率の適用を受けるためには、確定申告において、譲渡所得の内訳書などを添付する必要があり、内訳書には当該特別控除、軽減税率を受ける旨の記載などが必要**です。

以上が持ち家を売却する際の特例ですが、売却した資金を活用して、**シニア向け分譲マンションを購入**することが考えられます。

シニア向け分譲マンションとは、高齢者が生活しやすいようにバリアフリー化されたマンションのことです。高齢者向けのサービスが充実したマンションで、温泉やフィットネスジム、レストランなどが併設されているものもあり、洗濯や掃除など、家事代行サービスが備えられている場合もあります。共有スペースも設置されており、他の入居者との交流もできるので、一人だと寂しさを感じる人には適しているといえます。

特に孤独に弱い人はメンタル面での不調をきたしやすく、他人との交流を積極的に行うことが望ましいケースもあります。

今の持ち家が、高齢者にとって住みにくいところであれば、シニア向け分譲マンションの購入を検討してみるのもよいでしょう。

シニア向け分譲マンションは、あくまで一般の住宅の位置づけで、基本的に自立して生活を送れることが入居条件となっていますが、中には、**要介護や要支援の認定を受けている人でも入居できる物件もあります**。医療サービスや介護サービスは付随していないので、別途依頼する必要がありますが、コンシェルジュが常駐しているところも多く、生活や健康について困ったことがあれば、すぐに相談できる環境が整っています。

安否確認のサービスも提供されているため、万が一孤独死となった場合でも、早期に発見してもらえることが多いです。

ただし、シニア向け分譲マンションは、**一般的には富裕層がターゲット**であり、購入費用が高額で、新築の物件であれば数千万円から数億円かかります。月額費用として、修繕積立金、管理費、食費などがかかります。利用するサービスにもよりますが、月額10万円～30万円程度かかることが多いです。

また、自立して生活を送れることが入居条件であるため、要介護度が上がったり、認知症になったりすると入居の継続が困難となり、マンションによっては退去を求められる場合もあります。その場合、マンションを売却することが考えられますが、要介護度が高かったり、認知症を患っている場合は、売却手続き自体が困難だったり、手続きができたとしても、シニア向け分譲マンションは中古市場が確立していないため、売却が困難になることもあります。

このように、高齢者にとっての住みやすさを重視した住宅ではあるものの、コストがかかるため、資金的に余裕がある人に向いているといえます。

要介護度が高い高齢者向きではなく、介護が必要になれば、老人ホームなどへの入居を余儀なくされる場合もあるため、事前に様々な側面から考慮した上で、購入を検討するようにしましょう。

要注意！暗号資産（仮想通貨）の相続と税金

相続財産の中に、暗号資産がある場合は、多額に税金がかかってしまうことがあるため、要注意です。

まず、暗号資産を相続した場合、当然、相続税の対象となりますが、ビットコイン、イーサリアム、リップルなどの、活発な市場が存在する暗号資産については、相続時の時価が評価額となり、相続税が計算されます。次章において述べますが、相続税は、相続財産の総額が基礎控除額および債務控除額を超えた場合に、その超えた分について、10%～55%の相続税が課されます。

さらに、相続により取得した暗号資産を売却すれば、売却益は「雑所得」となり、所得税と住民税が課税されます。所得税の税率は約5%～約45%であり、住民税の税率は、10%であるため、合わせて最高で約55%の税金がかかってきます。売却益は、（売却価額 − 取得価額）で計算されますが、取得価額は、被相続人が購入した際の取得価額を引き継ぐことになるため、被相続人が低い金額で暗号資産を購入していた場合は、売却益も多額になり、税額が巨額になることがあります。

暗号資産を相続した際に、相続税を負担し、売却益について、所得税・住民税を負担した場合、二重課税となります。この点、相続した土地・建物、株式などを、相続後一定期間内に売却した場合は、売却益の計算にあたって、相続時に負担した相続税の一部を取得原価に加算することができ（取得費加算の特例）、二重課税が解消されることがあります。ただし、取得費加算の特例は、雑所得には適用されないため、相続した暗号資産を売却した場合は、二重課税に対する救済措置がありません。今後、税制改正の可能性はありますが、現状は、暗号資産の相続については、税制上は極めて不利な取り扱いがなされています。

よって、暗号資産は、被相続人が亡くなる前に売却し、現金化しておくようにしましょう。そうすれば、少なくとも二重課税は回避することができます。

また、贈与税が発生しない範囲で、生前贈与を行うことも有効な手段と言えます。

第三章 おひとりさまの相続問題

22

おひとりさまが相続のときに起こり得る悲劇（自分が被相続人の場合）

本章では、おひとりさまが知っておくべき相続に関する基礎知識や、起こり得る問題点、さらには相続対策について解説します。相続は一生に何度も起きるものではないため、その対策を後回しにしがちであり、そもそも何をすべきなのかわからない人も多いです。また、多額の遺産を親族で分け合う手続きであるため、もめやすくもあります。できれば相続する場合も、相続される場合も、もめずに円滑に進めたいものです。

まずは、おひとりさまが亡くなった後に起こり得る**相続トラブル**の事例を紹介します。

Eさん（78歳で他界）は、**生涯独身**を貫き、子供は一度も持ったことがありませんでした。Eさんの**両親は既に他界**しており、2つ下の**弟**と、4つ下の妹がいました。妹は既に他界しており、妹には娘（Eさんからすれば姪）が1人いました。Eさんには子供がいなかったことから、生前に相続のことを考えることはなく、遺言書も作っていませんでした。

【おひとりさまが被相続人の場合の相続ケース】

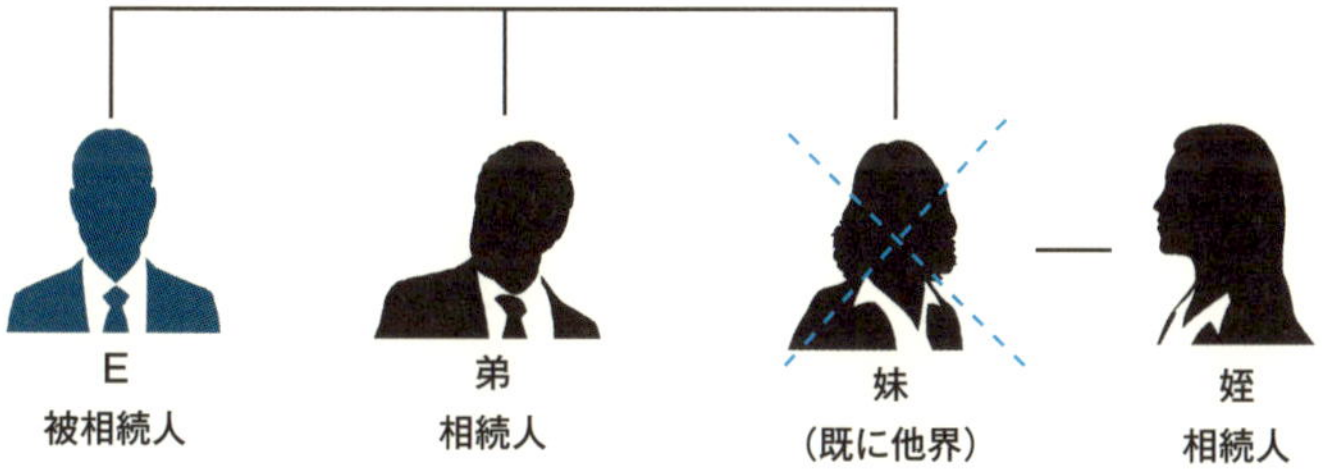

健康にも自信があったEさんでしたが、78歳のときに心臓発作で急逝してしまいました。Eさんは、地方のメーカーに定年になるまで勤めており、給料はそれほど高くはなかったのですが、質素な生活を続けていたため、資産はある程度蓄えられていました。亡くなったときは、1000万円の預金と3000万円相当の持ち家がありました。このケースでは、法定相続人**（被相続人の財産を相続できる権利のある人）**は、弟と姪になります。本来は、Eさんの兄弟、つまり弟と妹が法定相続人になりますが、**妹が既に亡くなっているので、その子供である姪が代わりに相続権を持つ**ことになります（代襲相続）。Eさんと弟の仲は非常に良好で、お互い高齢者になった後も何かと助け合いをする仲でした。一方で、既に他界している妹とはもともと不仲で、その娘である姪とはほとんど会ったことはありませんでした。

Eさんの葬儀から2週間が経った頃、Eさんの弟は相続のことを考えなければと、Eさんの遺産の調査に着手しました。時間はかかりましたが、Eさんの預金と不動産（持ち家）を把握することができました。また弟は、自分以外にも姪が法定相続人に該当することから、姪へ連絡しました。Eさんとは異なり、弟は姪と定期的に会っており、仲も良好でした。その際、「一応あなたにも相続権はあるけど、自分と兄は生前仲が良く、助け合いをする仲であったため、基本的にはすべての遺産を相続させてほしい。ただし、法律上は法定相続人なので、預金のうち500万円は相続してよい。ただし、残りの500万円の預金と、家は相続させてほしい」といった趣旨の話をしました。姪は、当初は500万円の預金を相続できるだけでも十分と考えていましたが、その後、自分の夫に相談したところ、**半分は相続する権利がある**のだから、きちんと半分相続させてもらうべきと促され、あらためて弟に半分（**（1000万円＋3000万円）÷2＝2000万円**）は相続させてもらいます、と主張しました。納得がいかなかった弟は、姪ともめてしまい、最終的には家庭裁判所の遺産分割の調停・審判に委ねることになりました。裁判官からは、2000万円ずつに分けるべきといった趣旨の審判が下され、弟は泣く泣く住みたかったEさんの持ち家を売却し、姪は2000万円を受け取ることになりました。弟と姪はその後絶縁状態となり、二度と会うことはありませんでした。

23

おひとりさまが相続のときに起こり得る悲劇（自分が相続人の場合）

続いて、おひとりさまの親が亡くなった後に起こり得る相続トラブルの事例です。

Fさん（50歳）は、20代前半の若いころに結婚しましたが、結婚から5年程度経った頃に**離婚し、以来再婚することはなく、独身生活**を続けていました。2つ年上の姉がおり、姉には男女二人の子供（Fさんから見て甥と姪）がいました。甥と姪は小さいころからFさんに懐いており、姉家族との仲も良好で、一緒に旅行に行くことも度々ありました。

Fさんの**母親は5年ほど前に他界**しており、85歳になる**高齢の父は、車いす生活**で、デイサービスを利用していました。**姉の家族は父の家で同居**しており、父がデイサービスから帰ってきて家にいるときは、**姉が父の生活の世話**を行っていました。

ある日、父の持病が急激に悪化し、急遽入院することになりましたが、その3日後に**父は帰らぬ人となりました**。特に姉は父と同居し、仲も良かったことから心の整理がつきませんでしたが、なんとか葬儀を終え、喪主となったFさんの支えもあり、落ち着きを取り戻しました。四十九日法要も終えたころ、遺産分割の話がFさんと姉の間で持ち上がりました。父は生前、**遺言書を残していませんでした**が調査をしたところ、500万円の預金と、姉と住んでいた2500万円の自宅が父の主な遺産だとわかりました。

Fさんの姉は、「私には子供もいるし、お父さんの生活の面倒を長年見てきたから、自宅については当然相続させてもらいたい。その代わり、500万円の預金については、弟(Fさん)が相続してもよい」といった考えでした。被相続人の財産の維持・増加に特別に貢献したと認められた人に、その貢献の度合いに応じて、法定相続分よりも多くの相続財産を受け取れる制度のことを「寄与分」といい、姉はこの寄与分が存在すると主張してきたのです。一方、Fさんとしては、「姉が自ら希望して父と住んでいたのだから、ある程度面倒を見ることは当然の義務で、遺産分割は法定相続分通りに行うべき」という考え方でした。合計3000万円(=預金500万円+自宅2500万円)を半分ずつ(1500万円ずつ)に分けるために、自宅を相続することは認めるが、現金で1000万円(=法定相続分の1500万円－Fさんがもともと受け取る預金500万円)を払ってほしい(代償分割)と主張します。Fさんとしては、姉から「おひとりさまにあまり財産は必要ないでしょ?」と言われたような気がして、感情的になってしまい、一歩も譲ることはなく、姉も自分が多く相続すべきといった考え方が変わることはありませんでした。

話し合いがつかないので、**最終的に家庭裁判所の調停手続きを利用**することになりました。調停において、**姉は、寄与分が認められるべきと主張しましたが、Fさんは、寄与分は存在しないと平行線**。調停では話し合いはまとまらず、最終的には裁判官の審判に委ねられることになりました。結果として、姉の寄与分は認められず、法定相続分に従って分割をすべきとの審判が下されました。仕方なく姉は、代償分割に応じることにし、代償分割に伴う1000万円の現金をFさんへ支払いました。Fさんとしては姉との仲を取り戻し、以前のように姉の家族とも良好な関係を築きたいと願っていましたが、姉は寄与分が認められなかったことを根に持ち続け、Fさんと一切連絡を取らなくなり、疎遠になってしまいました。

【おひとりさまが相続人の場合の相続ケース】

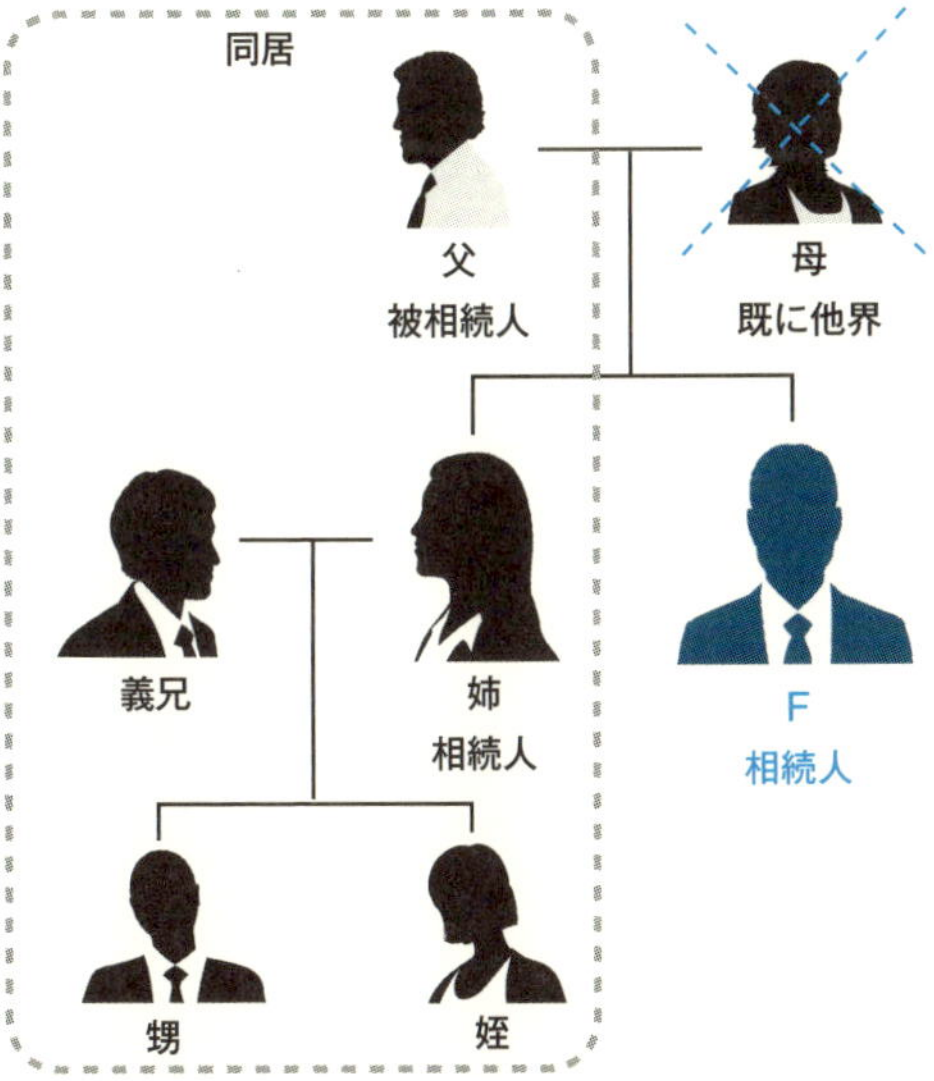

24

相続が発生する前に絶対にやっておくべきこと

相続は、トラブルが起きやすい出来事であることを理解していただけたかと思いますが、なるべくトラブルを少なくするためには、被相続人が存命中に対策を行っておくことが不可欠です。どの程度の対策を行うべきかについては、法定相続人の数や、被相続人・相続人の生活状況、いくらくらいの財産があるかなどにもよりますが、遺産分割でもめることが予想される場合や、相続税が多額にかかりそうである場合は、事前の対策を必ず行うべきです。

ところが、多くの人が、何も手を打っていないというのが実情です。公益財団法人日本財団が、２０２３（令和５）年1月に公表した「遺言・遺贈に関する意識・実態把握調査」によれば、遺言書の準備状況について、「**まだ遺言書は作成しておらず、しばらく作成するつもりはない**」および「**遺言書は作成しておらず、今後も作成しない**」と回答した人が、**合計で8割**程度となっており、多くの人が対策を取っていないことがうかがえます。

【遺言書の作成アンケート】

Q. 自分に万が一のことが起こったときのために財産に関する遺言書を作成していますか？
（公益財団法人日本財団調べより）

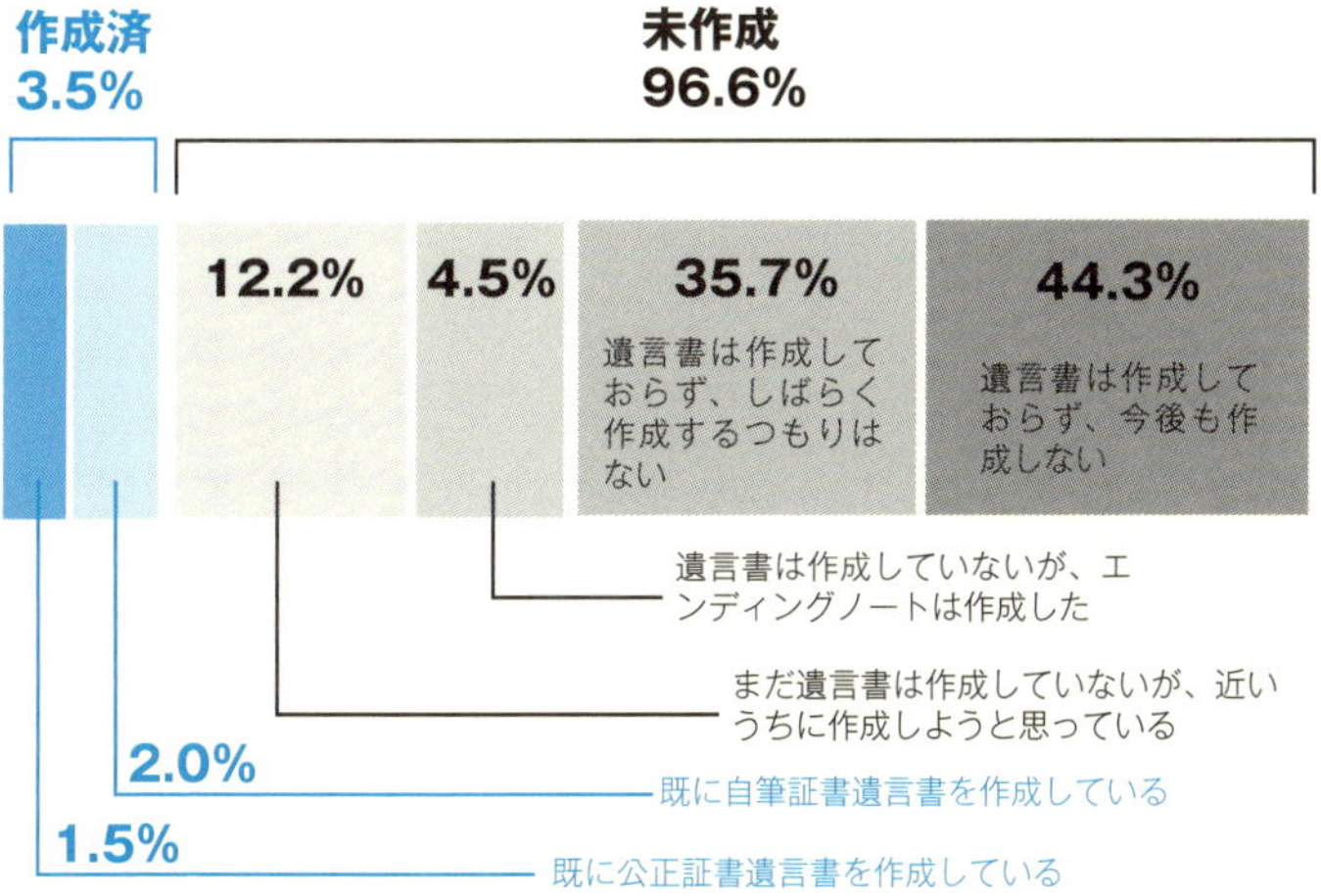

これらの人は、エンディングノートすら作成していないため、相続に対する関心の低さが表れています。やはり、自分の死について考えるのは抵抗があるという人が多いのでしょう。とはいえ、遺産が多い・少ないにかかわらず、事前の対策を行っておくことが、「**争続**」を防ぐための有効手段になります。

以下、事前の相続対策として、主なものを挙げて説明します。

①法定相続人の把握

まずは、法定相続人を把握することから始めましょう。**法定相続人とは、民法で定められた被相続人の財産を相続する**

権利を持つ人のことです。遺言書では、法定相続人以外の人も相続人として指定することはできますが、特に**遺言書に記載がなく、相続人間で特別の取り決めを行わなければ、法定相続人が実際の相続人となります**。

法定相続人になる人ですが、配偶者がいれば、**配偶者は必ず法定相続人**となります。そして、**それ以外の親族については、順位に従い法定相続人となります**。

配偶者以外の法定相続人の第1順位は「子」です。子がいない場合は、その子である孫が第1順位となります。第1順位が誰もいなければ第2順位の親（直系尊属）が法定相続人となり、親がいなければ第3順位の兄弟姉妹（亡くなっていれば甥・姪）が法定相続人になります。子が亡くなっている場合は孫が、兄弟姉妹が亡くなっている場合は甥や姪が、代わりに法定相続人になることを「**代襲相続**」といいます。

配偶者と子供2人が法定相続人であれば、**法定相続分は、配偶者が1／2、子供が1／4ずつ**（＝1／2×1／2）となります。法定相続分は、民法により定められている遺産分割の目安であり、遺産分割協議などで、それとは異なる遺産分割を行うこともできます。

おひとりさまの場合、**自分が相続人の立場**（親から遺産を引き継ぐ立場）**で、その配偶者**（例えば父が亡くなった場合の母）**も亡くなっており、一人っ子であれば、自分以外に**

図18【法定相続人の順位（配偶者以外）】

第１順位	直系卑属（子→孫→ひ孫）
第２順位	直系尊属（親→祖父母→曽祖父母）
第３順位	兄弟姉妹→甥・姪

【法定相続分の割合】

法定相続人	配偶者の法定相続分	その他の法定相続分
配偶者のみ	100%	—
配偶者と第１順位	1/2	1/2（複数人は等分）
配偶者と第２順位	2/3	1/3（複数人は等分）
配偶者と第３順位	3/4	1/4（複数人は等分）

法定相続人はいません。気を付けなければならないのは、自分に兄弟姉妹がいる場合です。前述の通り、兄弟姉妹は相続でもめやすく、仮にその兄弟姉妹が亡くなっており、甥や姪が代襲相続する場合は、さらに要注意です。

②財産目録の作成

財産目録は、被相続人の財産について、何が、どこに、いくらあるかを一覧にした明細です。財産的価値のあるものすべてと、債務（ローンなど）も漏れなく記載しておきましょう。裁判所のホームページなどでも、財産目録の例が公開されているので、そのようなテンプレートを利用するのもよいでしょう。財産目録を作成していないと、**被相続人の死後に、財産・債務の**

調査が困難となる場合があります。預金や有価証券などは比較的把握しやすいですが、土地・建物などの不動産については、把握しにくいことも多いので、特にきちんと記載しておくようにしましょう。その他、貴金属や美術品なども相続の対象となるので、そのようなものも漏れなく財産目録に記載します。

③財産・債務の整理

財産目録を作成した上で、遺産分割がしにくいものや不用品は、処分などを検討しましょう。また、可能であれば、債務についても返済を行うなど、整理を進めましょう。

④エンディングノートの作成

遺産分割にあたって、遺言書に表しきれないことについては、エンディングノートにまとめておくことをお勧めします。次章で詳しく解説します。

⑤遺言書の作成

事前の相続対策として最も重要なのが、**遺言書の作成**です。遺言書とは、**誰にどの財産**

をどれだけ相続させたいかを指定するもので、有効に作成された遺言書は、**法的効力を持ちます**。遺言書を作成する前提として、誰に、何を、どれだけ相続させたいかを決める必要があります。基本的には、**遺産の分け方は自由ですが、遺留分を侵害しない**ように気を付けなければなりません。**遺留分とは、法定相続人の相続財産に関する最低保障分**です。例えば、遺言書に、全財産を法定相続人以外の第三者へ相続させると書かれていても、**遺留分を侵害された人は、遺留分に相当する相続財産を返還してもらうことができます**。遺留分の割合は、図19の通りで、遺留分を主張できる子や直系尊属が複数いれば、さらに等分されます。なお、兄弟姉妹には遺留分はありません。

　遺言書においては、遺留分を侵害しない形で、遺産の分け方を決める必要がありますが、**被相続人と同居していた家族については、その持ち家を相続させるなどの配慮は必要**です。その場合には、**相続税を計算する上でも、優遇措置があります**（後述します）。また、被相続人が事業を行っていて、**子のうち1人がその事業を引き継ぐ場合は、事業**

図19【法定相続人の遺留分の割合】

相続人	遺留分の割合
配偶者のみ	1/2
子のみ	1/2
配偶者と子	1/2（配偶者 1/4、子 1/4）
配偶者と直系尊属	1/2（配偶者 2/6、直系尊属 1/6）
配偶者と兄弟姉妹	1/2（配偶者 1/2、兄弟姉妹なし）
直系尊属のみ	1/3
兄弟姉妹のみ	なし

に関する財産・債務はすべて、その事業を引き継ぐ子に相続させるべきです。その上で、基本的には法定相続分に従い、遺産の分け方を決めるのが無難ですが、例えば兄弟姉妹のうち、1人が主に親の介護をしていたような場合は、その人への配慮も必要です。

遺言書には、主に自筆証書遺言と公正証書遺言があり、**自筆証書遺言は、遺言者自らが自筆で書く遺言書**です。従来はすべて自筆で書く必要がありましたが、2019（平成31）年1月13日の民法改正により、自筆証書遺言に添付される財産目録については、パソコンでの作成や、不動産の登記事項証明書のコピーなども認められるようになりました。一方、**公正証書遺言は、遺言者が公証人に遺言内容を口述し、公証人が筆記して作成する遺言書**です。公正証書遺言の作成にあたっては、**公証人以外に、証人2名の立会いが必要**です。

自筆証書遺言は、手軽に作成でき、費用もほとんどかかりません。ただし、専門家の関与がなければ、**不備により無効**となるリスクは高く、**紛失や偽造の可能性**もあります。また、遺言者が亡くなった後に、家庭裁判所で検認（遺言書の存在を確認すること）を受ける必要があります。一方で、公正証書遺言は、不備により無効となることや、紛失や偽造のおそれがなく、家庭裁判所による検認も不要です。ただし、作成の時間や手間がかかり、手数料もかかります。専門家などは、公正証書遺言を勧めてきますが、きちんと作成できるのであれば、自筆証書遺言でも十分です。また、2020（令和2）年7月10日より、「**自筆証書遺言書保管制度**」がスタートしました。これは、**自筆証書遺言を法務局が確認・保管**してくれるもので、記入不備や紛失、偽造のリスクなどを解消できます。また、家庭裁判所による検認も不要です。なお、遺言書の中で、**遺言執行者**（遺言の内容を実現するための手続きを実行する人）を定めておくと、相続手続きがスムーズに進みます。

⑥死後事務委任契約を結ぶ

遺言書に記載した事項以外にも、人の死後にはいろいろやらなければならないことがあります。**葬儀**に関することや、**行政手続き**に関することなど様々なことがありますが、おひとりさまで、子供がいない場合は、それらを依頼できる人がいないということも多いです。そのようなときには、「死後事務委任契約」を、第三者と結んでおくことも考えられます。これは、**自分の死後に、必要な事務手続きを委任する契約**で、**依頼先（受任者）は、行政書士、司法書士、弁護士などの専門家**が適切ですが、**知人や友人**でも信頼できる人であれば問題ありません。その他、事前の対策としては、相続税対策や遺贈などもありますが、それらについては後述します。

25

相続発生後にやるべきこと

本節では、あなたが相続人だとして、相続が発生した後にやらなければならないことを解説します。

相続が開始（被相続人が死亡）すると、様々な手続きなどに追われることになります。

まず、死亡を確認した医師から発行された「**死亡診断書**」を入手します。この死亡診断書と一緒になっている**「死亡届」を、相続発生から7日以内に、亡くなった場所などの市区町村役場に提出**し、その際に「火葬許可証」の申請も行います（**一般的には葬儀社が申請を行ってくれる**ことが多いです）。遺体を火葬する際に、火葬許可書を火葬場（斎場）へ提出し、火葬が終わると、火葬許可書に火葬執行済みの印（火葬済証明）が押されます。これが「埋葬許可証」となります。埋葬許可証は、納骨の際に必要になります。

亡くなった人が世帯主で、15歳以上の人が2人以上残っている場合は、住所地の市区町村役場に「**世帯主変更届**」を、亡くなった日から14日以内に提出します。

年金を受け取っていた場合は、年金の受給停止の手続きを行います。**厚生年金については、死亡日から10日以内に、国民年金は14日以内に、**「受給権者死亡届」を、年金事務所または年金相談センターに提出します（日本年金機構にマイナンバーが収録されていれば、受給権者死亡届の提出は不要で、市区町村役場に死亡届を提出すれば、年金事務所に把握してもらえます）。健康保険の資格喪失手続きも必要で、勤務先において加入していた**健康保険の場合は、死亡日の翌日から5日以内に年金事務所**にて（勤務先が手続きを行ってくれることも多いです）、**国民健康保険や後期高齢者医療制度の場合は14日以内に市区町村役場**にて行います。**介護保険**の資格喪失届の手続きも同様です。また、被相続人が負担すべき住民税や固定資産税については、亡くなった年の分については相続人が納付する必要があるため、自治体にて必要な手続きを行った上で、納付することになります。

その他、行政手続き以外にも、電気・ガス・水道などの契約変更や解約手続き、クレジットカードの解約手続きなど、様々な手続きを行わなければなりません。なるべく早く預金口座を凍結してもらうために、金融機関へ連絡しましょう。長期間、凍結せずに放置しておけば、親族が勝手にお金を引き出し、他の相続人とのトラブルになる恐れがあります。

四十九日法要が落ち着いた頃、遺産相続の準備にとりかかりましょう。

重要となってくるのが、**遺言書**です。生前に遺言書の存在を認識していれば問題ありませんが、遺言書があるかわからない場合は、自宅などに保管されていないか、調査する必要があります。**遺言書がない場合は、親族の間で遺産分割協議**を行うことになります。その前提として、**法定相続人を把握**しましょう。家族関係がシンプルであれば、把握は簡単ですが、被相続人である父親と前妻との間に異母兄弟がいたり、隠し子がいたりする場合もあります。異母兄弟も、異父兄弟も、同様に相続権があります。ゆえに**出生から死亡まで、連続した戸籍謄本を入手して、調査する**必要があります。

被相続人の**財産や債務**も確認しましょう。**財産目録**が作成されていれば、それをもとに調査すればよいですが、ない場合は、**現金・預貯金、金融商品、保険契約、不動産などの財産と、ローンなどの負債を、一から把握する必要があります**。また、家財道具や貴金属なども相続の対象となるので、自宅などをくまなく探す必要があります。

すべての財産・債務を把握したら、相続人は、相続財産について、単純承認、相続放棄、限定承認のいずれかを選択します。**「単純承認」は、最も多くの人が選択する方法で、プラスの財産もマイナスの財産も、すべて引き継ぐ方法**です。プラスの財産が多い場合は、単純承認を選択すればよく、単純承認を選択するために必要な**手続きは特にありません**。

ただし、マイナスの財産が明らかに多い状況であれば、すべての財産を引き継ぐメリットは少ないため、相続財産が判明していないような段階においては、安易に単純承認をしない方がよいでしょう。**「相続放棄」は、すべての財産の相続を放棄する方法**です。相続放棄を行えば、被相続人のローンなどを引き継ぐ必要がなくなり、**特にマイナスの財産の方がプラスの財産よりも大きければ、メリット**があります。また面倒な「争続」トラブルや、遺産分割を回避することができます。とはいえ、プラスの財産も引き継げなくなってしまうため、事前に、プラスの財産、マイナスの財産の双方をよく確認するようにしましょう。

「限定承認」は、プラスの財産を限度として、マイナスの財産も引き継ぐ方法をいいます。限定承認を行えば、当初は判明しなかったマイナスの財産が、後から発覚したとしても、プラスの財産の範囲内でしか負担しなくてよいため、不測の損害を被るリスクから解放されます。ただし、限定承認は**手続きが非常に煩雑で、実際にはほとんど利用されていません。**

相続放棄は、相続の開始を知ったときから3カ月以内に行う必要があり、期限内に、家庭裁判所に「相続放棄申述書」を提出しなければなりません。

そして、相続人は、**相続開始から4カ月以内**に、所得税の「**準確定申告**」を行わなければなりません。通常の確定申告が、1月1日から12月31日までの所得などをもとに、税額の計算が行われるのに対し、**準確定申告は、1月1日から死亡日までの税額を計算**します。準確定申告が面倒な場合は、税理士に依頼することも考えられますが、申告内容が簡単であれば、わざわざコストをかけて税理士に依頼する必要もないでしょう。

準確定申告を終えたら、相続税の申告が必要かを把握するために、**相続税の試算**を行いましょう。まず確認しなければならないのは、プラスの財産の価額から、債務や葬式費用などの控除できる金額を差し引いた金額が、基礎控除を超えるかどうかです。**基礎控除**とは、遺産が少額な場合にまで、相続税を課税するのは望ましくないということから設けられた非課税枠のことで、基礎控除を超えなければ、相続税は発生せず、相続税の申告も不要です。基礎控除は、次の算式により求められます。

基礎控除額 ＝ 3000万円 ＋（600万円 × 法定相続人の数）

プラスの財産のうち、預貯金や上場株式については簡単に相続税評価額を計算できますが、不動産、非上場株式などは、計算が難しいです。

亡くなった人が、死亡保険金の被保険者となっていた場合は、保険会社に死亡保険金の請求を行います。死亡保険金は、民法上は相続財産にはなりませんが、**相続人が受取人ならば相続税法上は、「みなし相続財産」として、相続財産に加算される**ことになります。死亡退職金を、相続人が受け取った場合も同様です。

相続財産の評価額がわかった段階で、**相続人間で遺産分割協議**を行いましょう。遺言書がある場合は、その内容に相続人全員が納得すれば、遺産分割協議の必要はありません。しかし、遺言書が存在しない場合や、遺言書の内容に相続人全員の合意が得られない場合（遺言書と異なる遺産分割の取り決めを行う場合も含む）は、遺産分割協議を行う必要があります。協議を行うにあたっては、相続人の生活状況や、被相続人の面倒をどの程度見ていたかなどを考慮しましょう。まとまったら、**遺産分割協議書**を作成します。遺産分割協議は、口約束でも有効ですが、後で「言った・言わない」の争いを防ぐためにも、必ず書面に残してください。

そして、**被相続人の死亡日の翌日から10カ月以内に、相続税の申告**を行わなければなりません。ただし、前述の通り、相続財産の総額が基礎控除以下であれば、申告は必要ありません。相続税の申告は、複雑であるため、できれば相続税に強い税理士に依頼するようにしましょう。自分で相続税の申告を行う場合でも、税理士に依頼する場合でも、最低限知っておきたい相続税の知識については、後述します。

26

持ち家はどうしたらいい？相続する場合のメリット・デメリット

被相続人に持ち家がある場合、相続が発生すれば、誰かが相続するか、売却するかなどの選択を迫られることになります。もともと被相続人と同居していた配偶者や子などの家族がいれば、その家族が相続するのが自然の成り行きであり、経済合理性もあり、税制上も**優遇措置**があります。

被相続人の自宅や事業に使用していた宅地等は、遺族にとって生活の基盤となる大切な財産です。それをそのまま評価して、相続税を課税するのは、相続税負担が重くなり、望ましくないとの考えから、一定の要件を満たせば、**相続税評価額を最大で80％減額**できる制度があります。これが、「小規模宅地等の特例」です。特例が適用されるのは、**敷地部分のみ**となり、建物部分は通常の評価です。また、敷地部分についても、無限に認められるわけではなく、適用できる敷地の平米数には制限があります。持ち家の敷地に加えて、

【小規模宅地等の特例の限度面積と減額割合】

宅地などの利用区分	限度面積	減額割合
被相続人の持ち家の敷地（特定居住用宅地等）	330㎡	80%
被相続人が事業で使っていた土地（特定事業用宅地等）	400㎡	80%
被相続人が賃貸事業で使っていた土地（貸付事業用宅地等）	200㎡	50%
同族会社が事業で使っていた土地（特定同族会社事業用宅地等）	400㎡	80%

被相続人が事業を営んでいた店舗や事務所の敷地、賃貸していた物件の敷地なども、特例の対象となります。

例えば、330㎡以下の持ち家の敷地の**相続税評価額が5000万円だった場合、小規模宅地等の特例を適用すると、1000万円**（＝5000万円－5000万円×80％）まで評価額を引き下げることができます。被相続人の持ち家の敷地（特定居住用宅地等）に特例が適用されるためには、配偶者が相続する場合の要件はありませんが、その他の**親族（子など）が相続する場合、相続開始の直前から相続税の申告期限まで（死亡日の翌日から10カ月）、住み続けていなければならない**などの要件があります。持ち家に限らず、配偶者の相続については税制上優遇されています。配偶者が相続する場合は、「配偶者控除」の適用があり、**一定額までは相続税が非課税**となります。配偶者控除については、

【「家なき子特例」の主な要件】

①被相続人に配偶者や同居の相続人がいない
②相続開始前３年以内に自分の持ち家に住んだことがない
③相続開始前３年以内に配偶者、三親等内の親族、特別の関係がある法人の持ち家に住んだことがない
④相続開始時に住んでいる家を過去に所有したことがない
⑤相続した宅地を相続税の申告期限まで（10カ月）所有し続けている

27節で詳しく解説します。

一方で、被相続人と同居していなかった子が持ち家を相続した場合でも、一定の要件を満たせば小規模宅地等の特例の適用を受けることができます。

ざっくり表現してしまえば、「**3年以上賃貸物件に住んでいた別居の親族も、小規模宅地等の特例を使える**」というものです。家を持っていない子にも、小規模宅地等の特例を適用できることから、「家なき子特例」と呼ばれています。

被相続人と同居していた子や、別居していたとしても持ち家を相続して住みたいと考えている子がいれば、持ち家は相続した方がよいですが、兄弟姉妹がいる場合は、持ち家の相続でもめることも多いです。

例えば、相続人が子2人の場合で、被相続人が、持ち家の価値と同額程度の預金を持っており、同居している子が持ち家を相続し、もう一方の子がその預金を相続すれば、公平と言えるでしょう。ところが、被相続人が、持ち家以外の資産をほとんど持っていないような場合には、持ち家を相続しない子は、相続できる資産がほとんどなく、不満に思うでしょう。この場合、持ち家を相続した子が、相続しない子へ、お金を支払う「**代償分割**」という方法があります。

この方法によれば、ある程度不公平さを解消できますが、支払う金額をいくらにするかについて、双方が納得いく形で決めることが難しい場合もあります。一方で、持ち家を相続しなくてよい、ということであれば、持ち家を売却し、売却代金を相続人間で分ける「**換価分割**」によることも考えられます。

なお、被相続人と同居していた子が、高齢である被相続人の面倒を見ていたなどの事情があれば、その子は相続にあたり、持ち家を含め、多くの財産を相続させてもらうべき、と考えることは多いです。この点、**法律上も「寄与分」として、遺産分割で法定相続分よりも多く財産を相続できる場合があります。**

前述の被相続人が、持ち家以外の資産をほとんど持っていないような場合に、同居していた子は、寄与分を主張して、もう一方の子に、持ち家以外の少ない資産のみを相続させて、納得してもらうといったことも考えられます。

ただし、もう一方の子がそれに納得せず、もめてしまい、裁判所での調停や審判に委ねることとなった場合は、なかなか寄与分は認めてもらえません。

寄与分を認めてもらうためには、単に被相続人の生活の世話をしていたというだけでは足りず、通常期待される程度を超える世話を行っていたことや、片手間ではなくかなりの負担がかかっていたこと、長期間介護が続いたこと、被相続人から対価を受け取っていないこと、あるいはそれに近いことなどの要件が必要で、ハードルが非常に高いためです。仮にそれらの事情があったとしても、**裏付ける証拠書類がないと、他の相続人や裁判官を納得させることも難しい**です。

自分以外に相続人がいなかったり、被相続人の持ち家を相続したいという法定相続人がいなければ、持ち家の相続でもめる可能性は少ないでしょう。その場合は、第一に持ち家を売却することを検討しましょう。第二章21節で解説した通り、**相続した空き家を放置し**

ていると、固定資産税の負担が増える可能性があり、また空き家を売却する際は、空き家を譲渡した場合の**3000万円の特別控除（空き家特例）**があるため、**譲渡所得税**もおさえられます。

もし、相続した持ち家が**居住用として適していれば、第三者に賃貸する**ことを考えてもよいでしょう。賃貸として貸し出すことができれば、毎月家賃収入を得ることができます。ただし、賃貸に出すには、リフォームやハウスクリーニングなどの初期費用がかかり、固定資産税や管理費などのコストもかかり続けます。見込まれる収支を十分に検討して、判断するようにしましょう。

また、家屋部分の**老朽化が激しいような場合は、解体して、更地にしてしまう**のも一つです。老朽化した建物が立っている敷地よりも、更地の方が高く売れることがあります。ただし、解体のためのコストもかかるので、その辺も慎重な判断が必要です。

以上、持ち家を相続することは、基本的にはメリットの方が多いですが、相続人間でもめてしまう可能性があったり、処分する際にはコストがかかってしまうなど、デメリットもあります。持ち家の扱いについては、相続人間で十分に話し合うようにしましょう。

27

相続税の基本と節税対策

相続税については、**基礎控除**があるので、一定額以上の資産を持っている人にしかかかりません。2013（平成25）年度の税制改正により、2015（平成27）年1月以降の相続から、基礎控除が引き上げられ、現在の**（3000万円＋（600万円×法定相続人の数））**となりました。改正前は**（5000万円＋（1000万円×法定相続人の数））**でした。この改正により、2015（平成27）年以降、相続税が課税される人の割合は増え、国税庁が公表している「相続税の申告事績の概要」によれば、2015年においては**8・0%**程度となりました。以降も上昇し続けており、2023（令和5）年においては、**9・9%**となり、**約10人に1人が課税**されていることになります。ある程度資産を持っている人が被相続人となる場合は、相続税の試算をできるようにしておいた方がよいでしょう。

相続税の計算と申告書の作成については、税理士の中でも「**相続専門税理士**」がいるくらい自分で行うことは難しいのですが、基本だけでも押さえておきましょう。

【相続税の課税割合の推移】

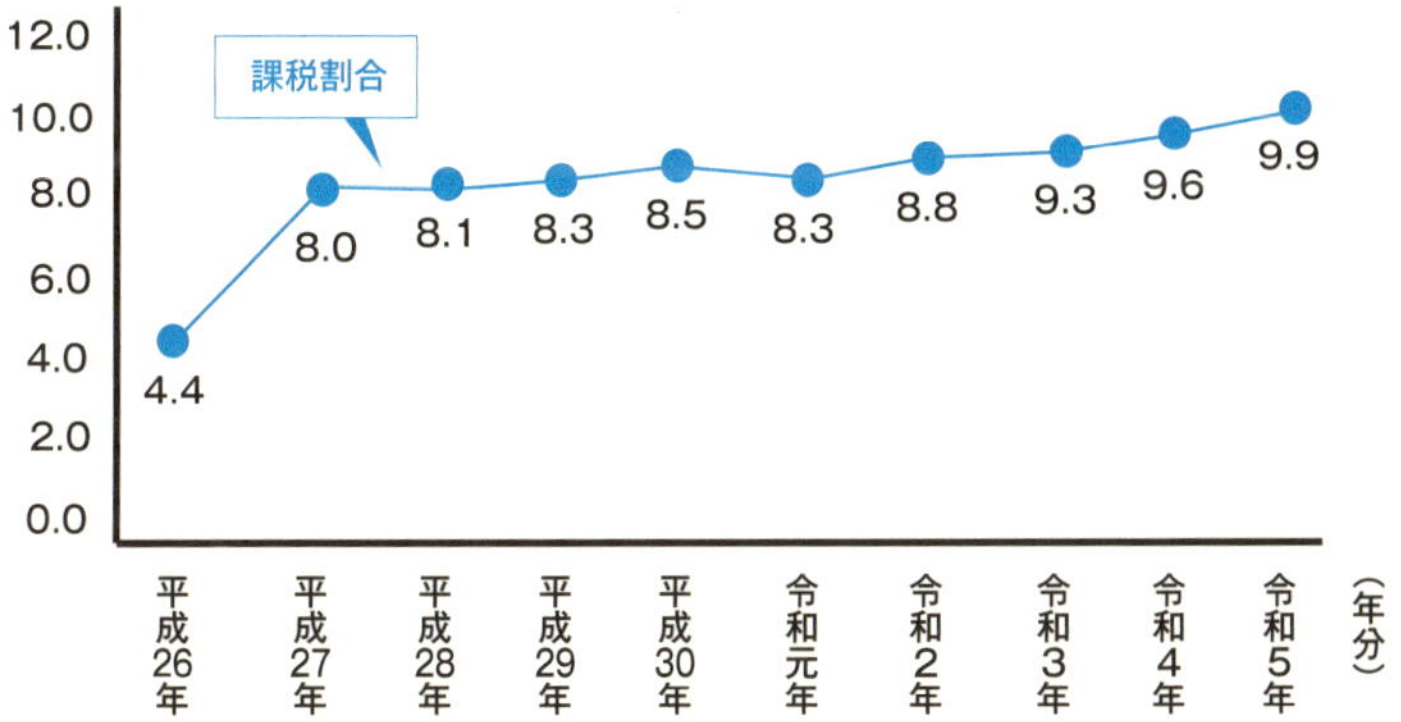

国税庁「令和５年分　相続税の申告事績の概要」より作図

まずは、預貯金、有価証券、不動産、死亡保険金などの資産について、**相続税評価額を計算**し、合算し、借入金などの債務や葬式費用などを差し引きます（課税価格の合計額を算出）。各資産は、基本的には、いわゆる**時価**で計算されますが、不動産など、時価よりも低く計算される場合もあります。

相続税評価額の計算については、国税庁が細かいルールを定めており、それに従って計算します。前述の**小規模宅地等の特例**を受けられる場合は、ここで反映（土地の評価額を減額）します。

そして、課税価格の合計額から、基礎控除額を差し引きます。そのようにして計算された正味の遺産額が「課税遺産総額」であり、この課税遺産総額が課税の対象となります。**課税遺産総額がゼロ以下となれば、相続税はかかりません。**

財務省ホームページより作図

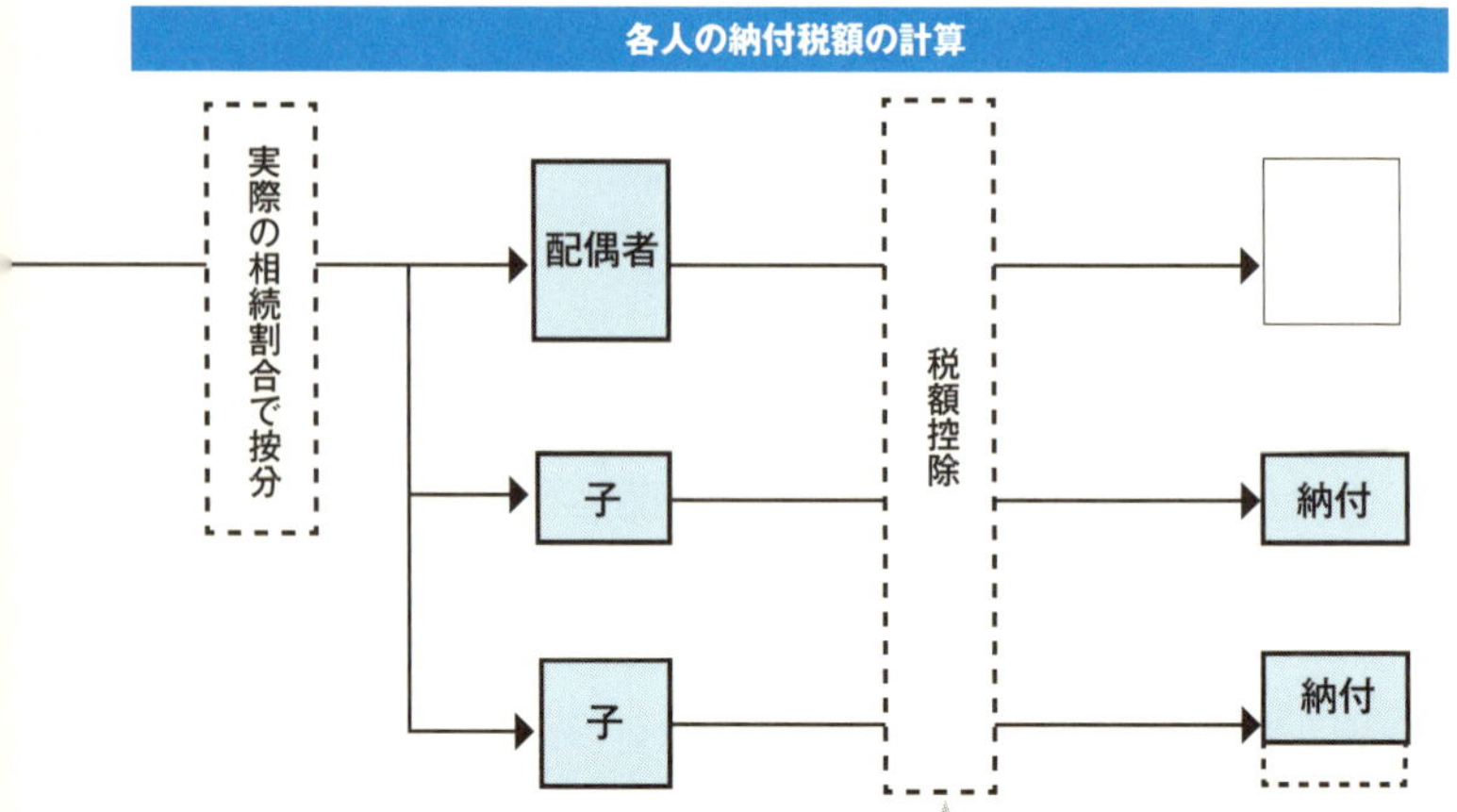

●**配偶者控除**：配偶者の法定相続分または１億6000万円のいずれか大きい金額に対応する税額
●**未成年者控除**：18歳に達するまで年数×10万円
●**障害者控除**：85歳に達するまでの年数×10万円（特別障害者は20万円）

課税遺産総額がプラスとなった場合、次のステップとしては、**課税遺産総額を、各相続人が、法定相続分通りに取得したものと仮定して、それに税率を適用して各法定相続人別に税額を計算**します。法定相続分に応じた取得金額が多くなるほど税率も上がります**（超過累進課税）**。

税額の計算にあたっては、**相続税の速算表**を利用します。

実際の遺産分割が、法定相続分通りでなかったとしても、**法定相続分として計算**します。これは実際に取得した相続財産に従って計算を行うことにより、遺産の分割状況により相続税が異

【相続税の計算ステップ（配偶者と子２人が法定相続人のケース）】

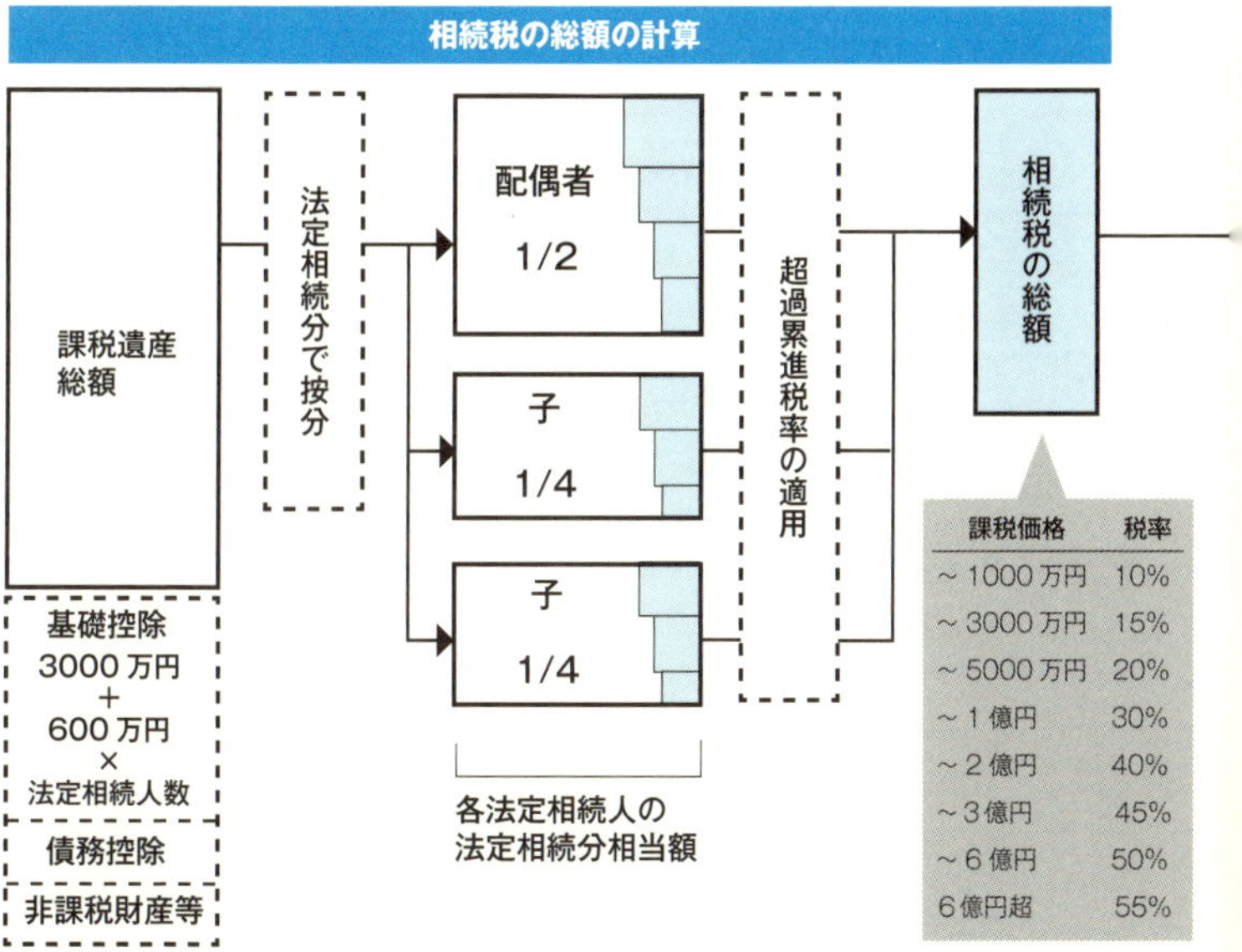

なることを防ぐためです。そして、**各法定相続人の相続税を合算し、実際の相続割合で各相続人に按分**します。

各相続人に按分された、相続税額については、要件を満たせば、**配偶者控除、未成年者控除、障害者控除**などの税額控除の適用を受けられます。

配偶者控除とは、配偶者が相続した遺産のうち、**課税対象となるものが１億６０００万円まで**であれば相続税が課税されず、**１億６０００万円を超えても配偶者の法定相続分まで**であれば同様に**相続税は課税されない**という優遇措置です。配偶者控除は、残された

【相続税の速算表】

法定相続分に応じた取得金額	税率	控除額
1,000 万円以下	10%	—
1,000 万円超　3,000 万円以下	15%	50 万円
3,000 万円超　5,000 万円以下	20%	200 万円
5000 万円超　1 億円以下	30%	700 万円
1 億円超　2億円以下	40%	1,700 万円
2億円超　3億円以下	45%	2,700 万円
3 億円超　6億円以下	50%	4,200 万円
6億円超	55%	7,200 万円

配偶者の生活を守るなどの目的があります。配偶者控除を前提とすれば、相続財産が1億6000万円以下なら、すべてを配偶者に相続させればいいとも考えられますが、**配偶者が亡くなり、子が相続する場合（二次相続）**までの相続税負担を考えると、かえって、相続税が高くなり、不利となる場合もあります。

なお、**配偶者控除を受けるためには、相続税の申告が必要**となります。**配偶者控除の適用により、相続税がゼロになったとしても申告は必須**です。また、**相続税の申告期限までに、遺産分割協議が完了していなければなりません。**

その他、相続税額を減らす手法としては、**生命**

保険の活用があります。**死亡保険金を相続人が受け取った場合は、相続税の課税対象となりますが、**（500万円 × 法定相続人の数）**については**非課税となります。**法定相続人が3人であれば、1500万円まで**死亡保険金に相続税がかかりません。もちろん生命保険契約には保険料がかかるため、保障内容を含めて、加入については、総合的に判断する必要があります。

基礎控除額の計算も、死亡保険金の非課税枠も、法定相続人が多いほど金額も大きくなり、相続税も減ります。そこで、**養子縁組**の手段が取られることがあります。

養子がいれば、実子（血縁関係のある子）と同じ扱いとなり、基礎控除額や、死亡保険金の非課税枠が増えるのと、課税遺産総額が按分されるとき、各人に適用される税率が下がることもあります。ただし、相続税対策のみの養子縁組は、他の法定相続人が納得しない場合は（自分の相続分が減ることなどにより）、トラブルの原因になるので要注意です。また、**孫やひ孫**を養子縁組するケースは多いですが、その場合は**相続税が1・2倍**になる「2割加算」の対象となります。これは、子への課税がスキップされるため、相続税の負担を重くしてしまおうという趣旨です。なお、**孫がすでに亡くなっている子（孫からすると親）の代わりに代襲相続する場合は、2割加算の対象とはなりません。**

28

生前贈与の最新節税策

相続税対策として、**生前贈与**が行われることがあります。27節で述べたように、相続税は遺産総額に対して課税されるため、**被相続人の財産を減らしてしまえば、相続税も減らせる**可能性があるからです。さらに、生前贈与により、遺産総額が基礎控除額以下となった場合は、相続税がかかりません。

ただし、貰う側は年間に一定額を超えると**贈与税**がかかり、また一定期間内の贈与については、**相続財産に持ち戻される（加算される）**こともあるので要注意です。

通常の贈与については、**1月～12月の1年間に贈与を受けた贈与財産の合計が、基礎控除額**１１０万円までであれば贈与税はかかりません。贈与財産の合計が、１１０万円超となれば、その超えた部分について、図20の**贈与税の速算表**に従い、贈与税額が計算されます。これを、「暦年課税制度」といいます。

図20【贈与税の速算表】

基礎控除後の課税価格	一般税率		特例税率（※）	
	税率	控除額	税率	控除額
200万円以下	10%	—	10%	—
200万円超　300万円以下	15%	10万円	15%	10万円
300万円超　400万円以下	20%	25万円		
400万円超　600万円以下	30%	65万円	20%	30万円
600万円超　1,000万円以下	40%	125万円	30%	90万円
1,000万円超 1,500万円以下	45%	175万円	40%	190万円
1,500万円超 3,000万円以下	50%	250万円	45%	265万円
3,000万円超 4,500万円以下	55%	400万円	50%	415万円
4,500万円超			55%	640万円

（※）直系尊属（祖父母や父母など）から、その年の1月1日時点で18歳以上の子や孫などへの贈与に使用する

ただし、**亡くなる前の一定期間の贈与財産については、相続財産に加算する**「**生前贈与加算**」があり、相続税を計算する上で、贈与財産は戻されてしまいます。このことから、生前贈与加算は、「**持ち戻し**」とも表現されます。

その場合、負担した贈与税があれば、その分は将来の相続税から控除されるため、二重課税にはなりません。

生前贈与加算は、**2023（令和5）年12月31日までの贈与については、生前贈与加算の対象期間（持ち戻しの対象となる期間）は3年**でしたが、税制改正により、**2024（令和6）年1**

【生前贈与加算（持ち戻し）】

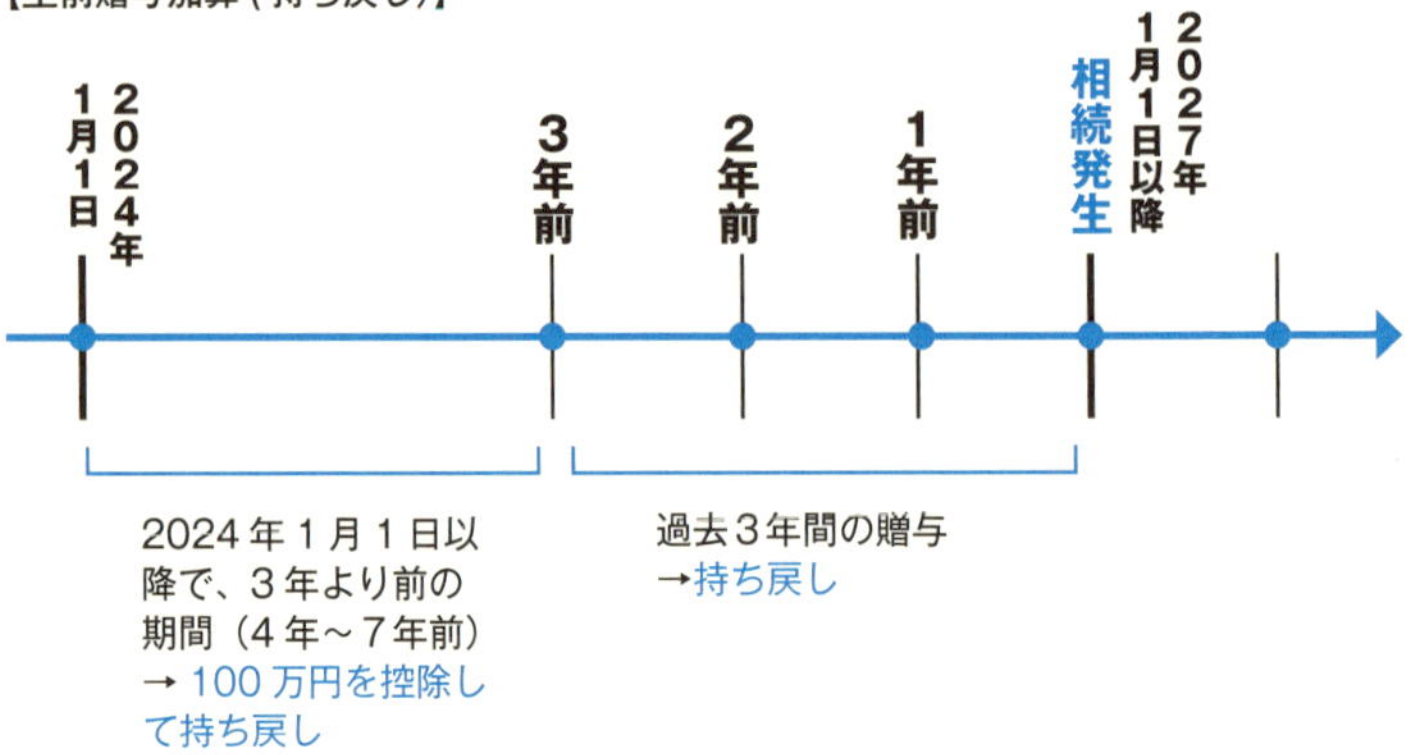

月1日以降の贈与については、7年となりました。ただし、2024年1月1日以降の贈与について、いきなり7年の持ち戻しが行われるわけではなく、段階的に7年になります（図21）。

相続発生から3年前の日が2024年1月1日以後の場合に、2024年1月1日からその3年前の日までの贈与について、新たに持ち戻しの対象になります。ただし、その3年よりも前の期間における贈与については、総額100万円までは、相続財産には加算されません。

暦年課税制度においては、非課税枠が年間で110万円と少なく、また贈与税の速算表（図20）で見た通り、税率は贈与額に応じて、どんどん高くなります。そこで、「相続時精算課税制度」の利用が考えられます。

図21【相続開始年と生前贈与加算の年数について】

相続開始年	生前贈与加算の対象年	生前贈与加算の年数
2023年	2020年以降	3年
2024年	2021年以降	
2025年	2022年以降	
2026年	2023年以降	
2027年	2024年以降	3～4年
2028年		4～5年
2029年		5～6年
2030年		6～7年
2031年		7年

これは、（1年間ではなく）**累計で2500万円まで**の贈与については**贈与税が非課税**となり、贈与した人が亡くなったときに、**贈与した財産が、贈与時の価額で相続財産に加算され、相続税額が計算されるとい**うものです。そして、贈与が2500万円を超えてしまっても、その**超えた分の税率は一律20%**で計算されます。つまり、**生前に多くの財産を贈与しても贈与税を軽減する**ことができ、一方で、**相続時に贈与財産を相続財産に持ち戻し、精算を行うという制度**です。

この制度を利用できるのは、**贈与した年の1月1日現在で60歳以上の父母または祖父母などから、贈与した年の1月1日現在で18歳以上の子または孫などに対する贈与を行った場合**です。さらに、税制改正により、2024年1月1日以降の贈与より、**年間110万円の非課税枠**が、相続時精算課税制度にも新設され、年間110万円を超えた部分のみが相続財産に持ち戻されることになります。さらに、年間110万円以内の贈与であれば、持ち戻しの対象とはならず、**申告も不要**です。

一方で、相続時精算課税制度にはデメリットもあります。まず、選択するためには「**相続時精算課税選択届出書**」に、**戸籍謄本**などの添付書類を付けて、**税務署へ届け出る**必要があります。また、**一度選択すると、暦年課税制度に戻すことはできません**。つまり、後戻りができなくなります。事前に十分に検討して、選択するようにしましょう。

相続時精算課税制度は、賃貸マンションなどの収益物件を贈与の対象とする場合に、賃貸収入について、早期に子などへ移転させることができるため、相続税対策として有効です。また、相続時精算課税制度を利用した場合、**相続財産への持ち戻しは贈与時の価額**で行われるため、将来価値が上がることが期待される財産を贈与すれば、同様に有効な相続税対策となります。

その他、次の通り、一定の贈与については、贈与税が軽減されます。

①贈与税の配偶者控除（おしどり贈与）

婚姻期間が20年以上の夫婦間で、居住用不動産または居住用不動産の購入資金の贈与が行われた場合に、**2000万円まで非課税**で贈与できます。長年連れ添った夫婦間における贈与に適用されるため、「**おしどり贈与**」とも呼ばれます。

②住宅取得等資金贈与

父母や祖父母から子や孫へマイホーム購入のための資金を贈与した場合には、一定金額まで非課税とされます。具体的には、**省エネ住宅などは1000万円まで、それ以外の住宅については500万円まで**非課税とされます。この特例の適用を受けるには、子や孫が、贈与を受けた年の1月1日において18歳以上である必要があります。

③教育資金の一括贈与

父母や祖父母から30歳未満の子や孫へ、教育のために一括で贈与した資金については、**1500万円まで**（学校など以外へ支払われる場合は**500万円**まで）贈与税が非課税になります。

④結婚・子育て資金の一括贈与

父母や祖父母から18歳以上50歳未満の子や孫へ、結婚・子育て資金のために一括で贈与した資金については、**1000万円まで**贈与税が非課税になります。

①から④は、暦年課税制度における110万円の非課税枠との併用もできます。

⑤夫婦や親子、兄弟姉妹などの扶養義務者から、生活費や教育費として贈与を受けた場合

実は、このルールは重要であるにもかかわらず、ちゃんと理解していない人が多いのですが、**夫婦間や親子間などで生活費・教育費を負担してあげるのは当然の義務**であり、そのような贈与には、**常識的な範囲であれば贈与税は課税されません**。この点については、①〜④のように、特に明確な金額基準はありません。

なお、生前贈与を行う場合は、「特別受益」に気を付けなければなりません。特別受益とは、相続人の中に、**被相続人から生前贈与や遺贈**（遺言によって他人に財産をあげること）**によって特別の利益を受けた**者がいる場合に、その相続人が得た特別の利益のことをいい

ます。特定の相続人に特別受益があった場合は、**特別受益の額を相続財産の額に加算した上で、各相続人の法定相続分を計算**します。これを、「**特別受益の持ち戻し**」といいます。

特別受益となる生前贈与は、例えば以下のような贈与です。

- **結婚に伴う多額の持参金や支度金**
- **住宅購入資金の贈与**
- **事業資金の贈与**

一方で、特定の相続人を生命保険の受取人に指定して、その人に保険金を取得させる場合、保険金はその人固有の財産となり、遺産分割の対象となりません。よって、保険金がかなり高額であるなどの特別な事情がない限り、**保険金は特別受益には該当しません**。特別受益を考慮せずに、遺産分割を行う場合は、特別受益を得られなかった他の相続人が、不当に相続財産を減らされるため、このようなルールがあります。

よって、**1人の相続人を「えこひいき」するために、その人に偏った生前贈与を行う場合は、特別受益の持ち戻しの可能性がある**ので、要注意です。

相続はどの専門家に相談すべき？

相続に関わる専門家としては、「**弁護士**」「**税理士**」「**司法書士**」「**行政書士**」などが挙げられます。

どの専門家に相続のことを相談すべきかについては、被相続人・相続人が置かれた状況により異なります。

まず、相続人間で争いが起きている場合は、紛争解決の専門家である弁護士に相談することをお勧めします。弁護士が代理人になることにより、他の相続人と直接話をしなくても済むようになり、心理的な負担も軽減されることになります。

ただし、一般的に弁護士費用は他の専門家よりも高額で、相続人それぞれが弁護士を立てれば、紛争がさらに激化するおそれもあります。

遺産がそれなりにあり、相続税が発生するのであれば、税理士に相談することをお勧めします。

税理士は、二次相続まで考えて、相続税を節税するための施策を提案してくれる上、難解な相続税申告を行ってくれます。

ただし、相続人間でのもめごとには関与することはできず、また遺産総額次第ではありますが、報酬も高額となることがあります。

相続にあたり、不動産登記が必要となる場合は、登記の専門家である司法書士へ依頼すべきでしょう。その他、司法書士は、遺産整理業務や家族信託なども得意としています。

ただし、司法書士は、相続税の相談には対応しておらず、また紛争解決にも基本的には携わることができません。

行政書士には、遺言書の作成に関するサポートや、遺産分割協議書の作成を依頼することができます。また、許認可手続きを得意としております。ただし、依頼内容としては書類の作成に関する相談や、手続きの代行などがメインであり、紛争解決や不動産登記などを依頼することはできません。

なお、それぞれの専門家の中でも、得意・不得意があり、例えば同じ税理士であっても、相続税に詳しい人もいれば詳しくない人もいます。そのため、各々の専門家の得意分野についても、十分に確認した上で、依頼するようにしましょう。

第四章

おひとりさまの終活

29

法定相続人がいなければ財産は国に没収される？

配偶者や子がいないおひとりさまの場合、法定相続人は**親か兄弟姉妹**、または兄弟姉妹の代襲相続人としての**甥や姪**になります。しかし高齢のおひとりさまになると、親や兄弟姉妹もすでに亡くなっていることも多く、甥や姪もいなければ、法定相続人が不在になるということも不思議ではありません。その場合、何もしないと最終的には財産は**国庫**に帰属することになります。

ただし、法定相続人がいなくとも、生前に特別親しい関係にあったという人がいるかもしれません。直ちに国が財産を没収するのは適切ではないという理由から、「**特別縁故者**」の制度があります。

特別縁故者とは、被相続人と特別親しい関係にあったことを理由として、被相続人に法定相続人がいない場合に、**特別に相続財産の全部または一部を取得することができる人**のことをいいます。法定相続人が不在の場合でも、生前にお世話になった人へ財産を与えたいと考えている人もおり、そのような気持ちにも配慮した制度といえます。

ただし、特別縁故者に該当するには、高いハードルがあります。民法によれば、以下のような人が該当します。

①被相続人と生計を同じくしていた者
②被相続人の療養看護に努めた者
③その他被相続人と特別な縁故があった者

単に、仲が良かった、よく会っていた、といった程度では特別縁故者としては認められません。さらに、特別縁故者として認められるには、家庭裁判所への申し立てを行い、相続財産管理人の選任を経て、法定相続人がいないか捜索が行われるなど、様々なステップを踏まなければなりません。

特別に縁のあった人に、財産を譲り渡したい場合、そのような手間をかけさせたくないと考える人がほとんどでしょう。そこで、あらかじめ**遺言書**で、特別に縁のあった人に財産を与えることが考えられます。そのように、遺言書により、法定相続人以外にその遺産の一部、または全部を与えることを「**遺贈**（いぞう）」といいます。

よく行われるのは、**内縁の夫や妻に財産を譲る**場合です。いくら長年生活を共にしていても、籍を入れていない場合は、そのパートナーは法定相続人にはなれませんが、有効な遺言書であれば、そのような内縁のパートナーにも、財産を引き継がせることができます。

なお、**遺贈も、財産を譲り受けた人（受遺者）には、遺産額次第で相続税がかかります**。籍を入れていない受遺者の場合、相続税計算にあたり、以下のデメリットが生じます。

- **配偶者控除がない**
- **小規模宅地等の特例の適用がない**
- **2割加算の対象となる**

一方で、そのような特に親しい関係にある人がいないという人は、自分の遺産について、どのように扱うことが考えられるのでしょうか。一つの手段として、「**遺贈寄付**」が挙げられます。

遺贈寄付とは、遺言によって、**遺産の全部または一部を**、公益法人、NPO法人、学**校法人、国立大学法人などの団体に譲ること**をいいます。

遺贈寄付により、自分が支持している団体への寄付を通じて、人生最後の社会貢献活動を行うことができます。高齢単身者が増加していることもあり、遺贈寄付に関心を持つ人は年々増加傾向にあるようです。生前に寄付することは、生活費が少なくなることから抵抗があるという人も、死後の寄付であれば、そのような不安はありません。

遺贈寄付以外に、**「死因贈与契約」**により寄付を行う方法もあります。

死因贈与契約とは、自分が死亡したときに、指定した財産を特定の人や団体へ渡すことを約束する契約です。遺贈については、遺言者のみの意思で行うことができますが、**死因贈与契約は受け取る側の承諾も必要**です。よって、死因贈与契約の方が、死後に受け取る側を困らせることは少ないでしょう。

遺贈寄付については、サポートしてくれる事業者もいますので、関心を持った人はぜひ一度相談してみて下さい。

30

万が一の孤独死に対する対策

２０２４（令和６）年８月に公表された警視庁のデータから推測すれば、**現在年間で5～6万人の高齢者が、自宅で孤独死**しています。

また、内閣府ホームページによれば、**65歳以上の一人暮らしの人数は増加傾向**にあり、人口に占める割合は、**2020（令和2）年には男性15・0%、女性22・1%**。2050（令和32）年には男性26・1%、女性29・3%になると見込まれています。このことから、今後ますます高齢単身者の孤独死の増加が予想されます。

ただこれに反し、多くの一人暮らしの高齢者は、孤独死を他人事として、対策を行っていないように思えます。また、対策をしたいと考えても、何をしたらよいのかわからないという人も多いようです。

まず、やっておくべきこととしては、今まで述べてきた通り、**遺言書の作成**です。きちんとした形で作成できるのであれば、**自筆証書遺言**で問題ありませんが、自信がなければ

【65歳以上の一人暮らしの者の動向】

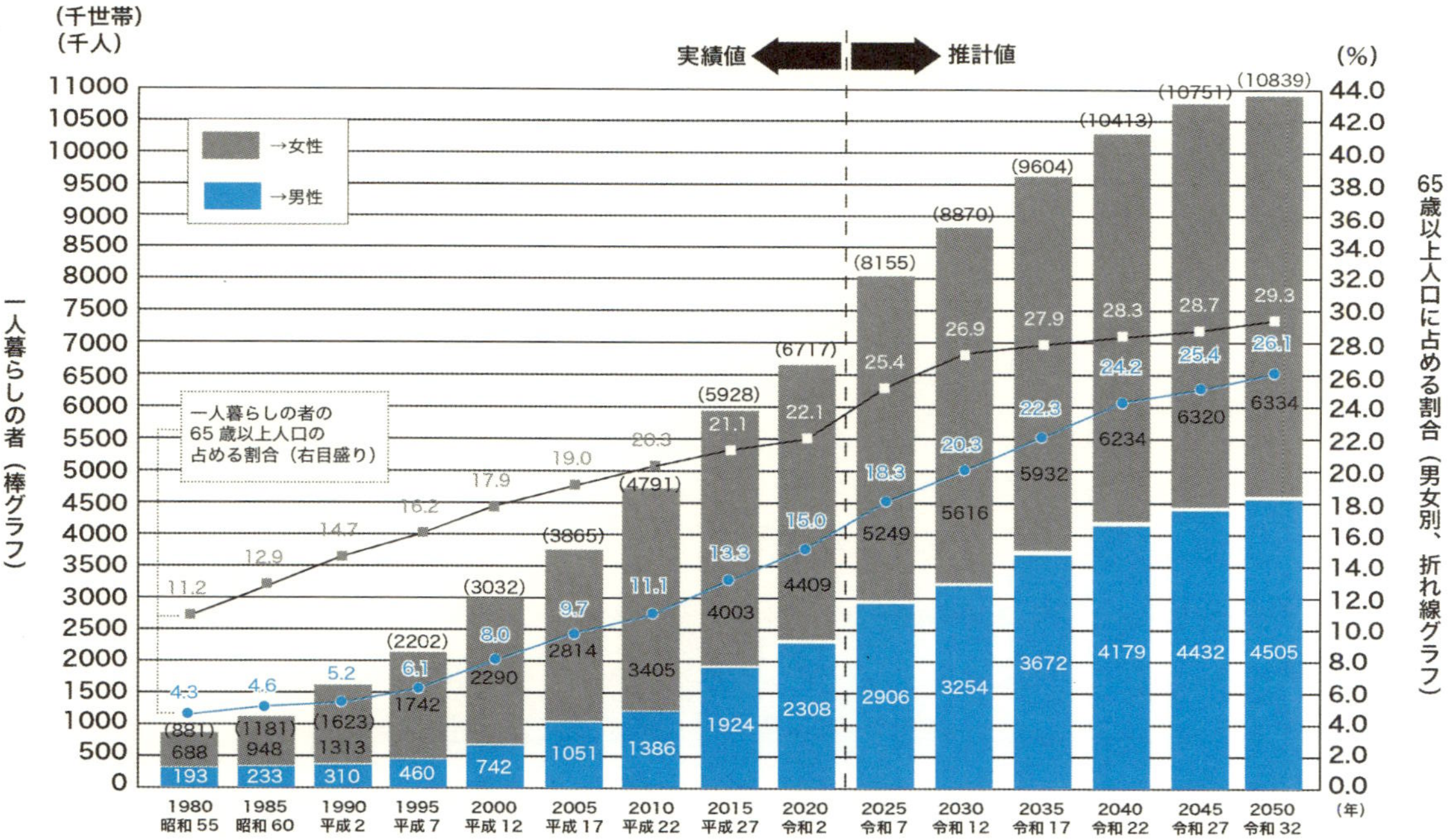

令和２年前までは総務省『国税調査』による人数、令和７年以降は国立社会保障・人口問題研究所「日本の世帯数の将来推計（全国推計）」（令和６（2024年集計）による世帯数

公正証書遺言を作成しておきましょう。また、遺言書だけでは、細かい情報や、自分がどのような形で最期を迎えたいかなどが表現しきれません。そこで、いわゆる「**終活**」の一環として、「**エンディングノート**」を作成しておくことをお勧めします。エンディングノートについては、次節で解説します。

自分が**認知症**になってしまえば、財産の管理や、処分などが適切に行えなくなります。身近に頼りになる家族などがいればまだよいのですが、おひとりさまの場合は、そのような身寄りもいないことは多いです。

また、身内に信頼できる人がいないという人も少なくないでしょう。そのような場合は、「**任意後見制度**」を利用することが考えられます。

任意後見制度とは、十分な判断能力が備わっている間に、あらかじめ本人自らが選んだ人（任意後見人）に、代わりに行ってもらいたいことを契約（**任意後見契約**）で決めておく制度です。任意後見人には、**未成年者や破産者など、欠格事由に該当する人を除き、誰でもなれます**。身内でも、弁護士などの専門家でも、もちろん問題ありません。

任意後見契約を結ぶには、公証人が作成する**公正証書**が必要です。任意後見契約が結ばれると、公証人の嘱託によって、任意後見人の氏名や代理権の範囲などが、東京法務局に登記されます。そして、契約後に、医師により本人の判断能力が衰えたと判断されれば、家庭裁判所に「**任意後見監督人**」の選任を申し立てます。

任意後見監督人が選任されると、任意後見契約の効力が発生します。任意後見監督人により、任意後見人の活動が監視され、家庭裁判所に報告されるため、任意後見人による使い込みなどの不当な行為を、防止することができる仕組みになっています。契約なので、任意後見人に付与される**代理権の範囲は、ある程度自由ですが、本人の財産管理と身上監護（療養看護に関するサポート）に関する事項のみ**となります。具体的には、次のような業務について、代理権の付与が行われます。

- 財産の保存、管理、処分
- 金融機関・証券会社との取引
- 保険契約に関する業務
- 年金などの定期的な収入の受け取りや、家賃、水道光熱費などの定期的な支払い
- 不動産売買、賃貸借契約など、本人の住居に関わる業務

・医療契約、入院契約、介護契約に関わる業務
・遺産分割協議や、相続放棄などの法律業務
・登記・供託の申請、税務申告、各種証明書の請求

一方で、本人の食事の世話や、排泄・入浴の介助などは、権限に含まれません。それらは、介護サービスを利用して、依頼することになります。

以上は、公的に用意された制度ですが、そもそも、高齢になり、孤独の時間が長くなれば、孤独死の危険は高まってしまいます。なるべく、周囲とのかかわりを持ち続けることが重要となります。

特に男性の場合、退職後は、職場で仲が良かった同僚とも縁が切れてしまうことが多く、孤独になりがちです。学生時代の友人とも、疎遠になっている方も多いでしょう。自ら孤独にならないための活動を、積極的に行うように心がけましょう。

具体的には、団体で行う高齢者向けの趣味を持ったり、ボランティア活動に参加したり、町内会や自治会など地域コミュニティへ参加することなどが挙げられます。定期的にそのような活動に参加すれば、ある日突然参加しなくなったといった場合に、同じ活動をして

いる人に気にかけてもらえます。万が一の場合は、安否確認をしてもらうことも期待できます。どんなコミュニティに参加していいかわからない、ということなら、最近では、おひとりさまの交流を促すような活動をしている団体も増えてきています。そのような団体を利用して、自分が定期的に活動できるコミュニティを作るのもよいでしょう。

また、高齢者向けの施設や住宅を利用すると、入居者や住人との交流の機会を作ることができます。第二章で解説した**シニア向け分譲マンション**は、購入費用が高額であるため、なかなか手が届かないかもしれません。そこで、**サービス付き高齢者向け住宅（サ高住）**を検討するのもよいでしょう。

サ高住は、物件の購入ではなく、賃貸借契約なので、初期費用がそこまで多額には発生しません。入居している高齢者の安否確認と生活相談がサービスとして義務付けられており、万が一の場合でも安心です。

ただし、シニア向け分譲マンションとは異なり、入居者同士の交流が少ない施設もあるので、人とのかかわりを定期的に持ちたいという人は、前述の地域コミュニティなどへ積極的に参加することが必要です。

31

自分の思いを託すエンディングノート

遺言書は、法的拘束力はあるものの、基本的には、**あなたが亡くなった後に効力が生じるもの**で、また、遺産の相続に関することが中心です。終末期から死後においては、それ以外にも決めておかなければならないことや、死後に関わってくれる人が困らないために必要な情報がたくさんあります。

そのような遺言書には記載されないけれど、残しておいた方がいいという情報をまとめたものが「エンディングノート」です。

エンディングノートは、「**生前整理ノート**」などと表現されることもありますが、家族構成などの基本情報、介護や終末期の医療について、さらには**死後の葬儀**や**お墓**に関することまで、幅広く記されることがあります。一般的には、以下のような事項について、記載されます。

①自分のプロフィール

氏名、生年月日、住所・本籍地、家族構成、マイナンバーなどの個人情報です。

②財産・負債について

遺言書や財産目録をきちんと作成していれば、必ずしも詳細に記載する必要はありませんが、**通帳、印鑑、保険証書などの保管場所**に関する情報も重要なので、そのような情報も合わせて記載しておきましょう。

③ID・パスワード情報

パソコンやスマホの中に重要な情報を保存している場合は、**ログイン情報**について記載しておきましょう。**ネット銀行やネット証券**にログインするための情報も、自分の死後に、遺産を整理する人がスムーズに行えるよう、残しておいた方がよいです。**SNSやサブスクリプションサービス**の情報も、可能な限り記載しておきます。ただし、悪意のある第三者に知れ渡れば、不正利用される可能性もあるので、取り扱いには十分注意しましょう。

④介護や医療に関する希望

認知症を発症したり、介護が必要になった場合に、自宅で介護をしてほしいのか、施設に入りたいか、家族に介護をお願いしたいか、ヘルパーにお願いしたいかなどを記載します。終末期において、延命治療を望むか望まないかなどについても記載しておきましょう。

⑤葬儀やお墓に関する希望

葬儀を望むか望まないか、望む場合は**一般葬がいいか家族葬がいいか**などを記載します。また、お墓については、希望する埋葬方法などを記載しておきます。

⑥遺言書について

遺言書の有無と、作成しているのであれば**保管場所**を記載します。

⑦連絡先について

かかりつけ医や、親友などの連絡先を記載します。

⑧ペットについて

ペットを飼っているのであれば、**ペットの年齢や引き取り先**に加えて、**健康状態や性格**などを記載しておくとよいでしょう。

⑨家族やお世話になった人へのメッセージ

家族や親友などへのメッセージを残しておけば、気持ちも入り、エンディングノートをきちんと作成しようというモチベーションにもつながるでしょう。

エンディングノートは、法的拘束力がないため、自由に書いて問題ありません。すべて網羅させなくても、自分が気づいたものから記載するようにすれば、ストレスもかからないでしょう。

法務省のホームページなどでも、エンディングノートの書式は掲載されており、書店やネット通販でも、エンディングノートに関する解説書は手に入ります。エンディングノートを作成できるスマホのアプリもあるので、手書きが面倒な人は、利用してみることをお勧めします。

32

増える「墓じまい」「仏壇じまい」

お墓や仏壇などは「**祭祀財産**」といい、通常の相続財産とは切り離されており、非課税財産として、**相続税もかかりません**。ただし、被相続人が所有していた祭祀財産は、引き継ぐ人（**祭祀承継者**）を決めなければならず、民法では、①被相続人の指定（遺言書などによる）、②慣習、③家庭裁判所が定めた者、の順番で決まるとされています。しかし、おひとりさまが被相続人となる場合は、子どもがいないため、そもそも祭祀承継者の候補者がいないことになります。

先祖代々引き継いできたお墓があったとしても、自分が亡くなった後、お墓の管理をする人がいないとなれば、**無縁墓（仏）**となってしまうこともあります。少子高齢化や、核家族化が進む近年において、無縁墓の増加は社会問題になりつつあります。

そこで、無縁墓になってしまうことを避けるために、生前に「墓じまい」をしておくことを検討しましょう。墓じまいとは、**お墓を解体・撤去して更地にし、墓地の管理者に返還する**ことをいいます。墓じまいを行えば、お墓の承継者がいないという問題は解消されます。最近では、おひとりさまだけではなく、先祖代々のお墓には入りたくない、子供に面倒をかけたくないなどの理由で墓じまいをする人もいます。死後は納骨ではなく、**散骨や樹木葬**を選ぶ人も増えており、墓じまいは多様なニーズに応えるものでもあります。

墓じまいは自分一人で決めてしまうのではなく、兄弟姉妹がいる場合は、必ず事前に相談するようにしましょう。兄弟姉妹はお墓を残したいと考えているかもしれません。墓じまいに伴い、お墓から遺骨を取り出す際には、「**閉眼供養**」を行う必要があります。

閉眼供養とは、墓石に宿っている仏様の魂を抜き取るための儀式で、**菩提寺や霊園などを通じて、僧侶に依頼**します。そして、お墓の中にある遺骨についても、取り扱いを考えなければなりません。いくつか方法がありますが、取り出した遺骨を、寺院や霊園などに管理してもらう「**永代供養**」を選択することが一般的です。永代供養の方法もいくつかあり、室内に設けられている納骨スペースである「**納骨堂**」にて供養する方法や、ほかの遺骨と一緒に埋葬する「**合祀**」があります。納骨堂は、交通アクセスがよい場所にも多く、また室内であるため、お墓参りがしやすい反面、管理費がある程度かかってしまいます。

一方で、合祀の場合、費用は安いのですが、ほかの人の遺骨と混ぜてしまうため、後から取り出すことができません。また、遺骨を残さなくてもいいという考えであれば、「散骨」も考えられます。散骨は、海上で行う**海洋散骨**が一般的です。海洋散骨は、専門業者にお願いすれば、比較的低価格で行うことができます。

自分が亡くなった後も、同様の方法で供養してもらえばよいでしょう。具体的な内容は、エンディングノートに、「**お墓の種類**」、「**希望の納骨方法**」として明記しておきます。


墓じまいと合わせて検討したいのが、「仏壇じまい」です。仏壇じまいは、**位牌を閉じて、仏壇を処分する**ことをいい、墓じまいをしたからといって、必ずしも仏壇じまいをしなければならないというわけではありませんが、仏壇はお墓同様、祭祀承継者を決める必要があります。

おひとりさまの場合は、墓じまいを決断したのであれば、一緒に仏壇じまいも行う方がよいでしょう。仏壇じまいも、墓じまい同様、僧侶により**閉眼供養**を行ってもらいます。

墓じまいと比べて、費用もかからず、閉眼供養を終えれば、仏壇は処分して問題ないとされています。**不用品回収業者や遺品整理業者**に処分を依頼したり、**粗大ごみ**として出すことも可能ですが、そのような業者に処分を依頼することや、粗大ごみとして出すことに、抵抗がある人も多いでしょう。そのような人は、菩提寺や仏壇・仏具店に引き取りを依頼しましょう。仏壇を引き取ってくれる**菩提寺**が近くにあれば、その菩提寺に依頼したり、**仏壇・仏具店**に引き取りを依頼することもできます。

仏壇を処分し、位牌まで処分してしまうのは、何も残らないことになり、抵抗がある、という人は、**位牌を菩提寺や霊園に預けて、永代供養をお願いする**のもよいでしょう。また、位牌は残さなくてよいものの、仏壇と一緒には処分したくないという場合は、**菩提寺にお願いすれば、お焚き上げ（焼却）を行ってくれます**。

時代と共に、生活環境や生活習慣が変化する中で、従来の価値観や慣習にとらわれ続け、結果として無縁墓が増えてしまう。そんなことは、ご先祖様も望んでいないと思います。個人一人一人の価値観が尊重される多様化の時代ですので、墓じまいや仏壇じまいを思い切って検討してもよいのではないでしょうか。

おわりに

最後までお読みいただき、ありがとうございました。

「老後破産」は、一部の人に限った問題ではなく、日本社会全体に広がる大きな課題です。少子高齢化が進む一方で、年金制度の将来への不安、物価高、医療費や介護費用の増加といった様々な要因が絡み合い、多くの人々が「老後の生活に希望が持てない」と感じる時代になっています。

老後破産の背景には、個人の努力だけでは解決できない、社会構造上の問題もあります。バブル崩壊後の「失われた30年」を経て、雇用環境は大きく変化し、非正規雇用が増え、賃金が上がらない状況が続いています。その結果、現役時代に貯蓄する余力がなく、必要な資金を十分に確保できないまま老後を迎える人が増えているのです。

また、個人の経済的問題に加え、核家族化や単身世帯の増加、地域社会のつながりの希薄化により、社会的にも高齢者が孤立しやすくなっています。その結果、経済的に困窮しても支援を受けられず、問題が深刻化するケースが増えています。

本書を通じて私が強調したかったのは、老後破産のリスクを知り、少しでも早い段階から備えることの重要性です。老後破産は突然訪れるものではなく、生活の中でじわじわと進行する問題です。

現役世代が自らのライフプランを見直し、退職後の生活に向けた準備を始めることが、最も有効な対策なのです。

また、社会全体としても、老後破産のリスクを減らすための仕組みづくりが不可欠です。政府や自治体による年金制度改革や社会保障の充実に加えて、企業が雇用環境を改善することが求められています。一方で、私たち一人ひとりも「自分の老後は自分で守る」という意識を持ち、生活設計を主体的に考えていくことが必要です。

本書が読者の皆さまにとって、老後について深く考えるきっかけとなり、少しでも将来の不安を軽減する助けとなれば幸いです。

本書を閉じた後も、ぜひ「自分の老後」を一度見つめ直し、今から何ができるのかを考えていただければと思います。そして、老後を豊かに過ごすための「備え」ができたとき、「老後破産」という言葉が私たちの生活から消え去る日が訪れることを願っています。

2025年3月
永井圭介

永井圭介（ながい・けいすけ）

慶應義塾大学法学部法律学科卒。税理士・公認会計士。2003年に大手監査法人に入所し、上場会社、上場準備会社の会計監査に従事。2009年7月に永井圭介公認会計士・税理士事務所を設立。中小企業を中心とした、税務・労務関連サービス、経営コンサルティングの他、YouTuber「税理士ナガイ」として税に関する知識をわかりやすく視聴者に解説している。YouTube登録者数は12.2万人。インボイスの解説動画も定期的に投稿しており、関連動画の再生回数は200万回を超える。近著は『世界一わかりやすい！　インボイス』（高橋書店）など。

おひとりさま時代を生き抜く 老後破産しないための 年金・貯蓄・相続対策

2025年4月4日　第1刷発行

著　者　永井圭介

発行人　岩尾悟志
発行所　株式会社かや書房
〒162-0805
東京都新宿区矢来町113　神楽坂升本ビル3F
電話　03-5225-3732（営業部）

デザイン　冨田晃司
編集　加藤洋祐
印刷・製本　中央精版印刷株式会社

ISBN978-4-910364-74-2 C0034